打開天堂學校的密碼

一顆果實、一位老師；一群孩子、一點好奇；
天堂就在每個人的心裡

張輝道——著

各方好評

邱義隆（基督教臺灣信義會逢甲慕義堂會友、臺中市和平區中坑國小校長）

施以諾（暢銷書作家、輔大醫學院職能治療學系專任精神科副教授、臺北市醫學人文學會理事長）

許玉華（台灣彩虹愛家生命教育協會專員師母）

黃友玲（作家、基督教貴格會合一堂師母）

黃銀成（竹南聖教會主任牧師、作家）

陳琇嫆（中華福音神學院推廣教育處教師）

陳恩澤（臺中市新社區大南國小校長）

鄭家寶（基督教全備福音中部教會主任牧師）

劉良義（斗六福氣教會主任牧師）

羅美娥（臺北市立西松高級中學校長）

輝道校長是我同校畢業的學長，在教育工作上是我的前輩，在信仰的道路上更是我屬靈的好夥伴。同在偏鄉服務的我們，信仰是我們最大的支持，在輝道校長身上讓我學習到敬畏上帝的力量。「愛的學校」輝道校長是我同校畢業的學長，在教育工作上是我的前輩，在信仰的道路上更是我屬靈的好夥伴。同在偏鄉服務的我們，信仰是我們最大的支持，在輝道校長身上讓我學習到敬畏上帝的力量。「愛的學校」翻轉了偏鄉的崑山國小，全校大小朋友共同參與的直笛隊、教師詩歌合唱團、結合社區的學校本位課程，讓我們看到神的愛是何等的奇妙！「在人不能，在神凡事都能」，基督徒的工作就是見證，在輝道校長身上與崑山國小這個大家庭中，看見神奇妙的作爲。

邱義隆

張校長是一位得過師鐸獎好校長！而凡事要做得「好」都得有祕訣，這本《打開天堂學校的密碼》分享了張校長的祕訣。本書理念不只可以應用於辦學，如果您想經營好一個家庭、一間公司、一個團體，這本書都可以提供您靈感！

施以諾

張校長的山中小學充滿特色，也滿有愛的力量，我拜訪過那個迷人的學校。這本書可以揭開這個學校被轉化的密碼，也讓人看見用聖經眞理作生命教育的見證。

許玉華

我非常敬佩這位瓜瓜校長！

清朝乾隆皇帝下江南時，看見熙來攘往的船隻時，也曾慨嘆，江上船隻無數，卻只有兩艘，一爲利來，一爲名往。但這位校長卻拋棄這一切，遠走偏鄉，只爲將天堂實現在人間，他的陽光哲學，我特別激賞，讓陽光射進每一個人的心房，讓神的光照耀在天堂學校的每一個角落！

黃友玲

很高興有機會先拜讀張輝道校長的新作，書中提醒我們：當回到最起初那份初衷與感動，常能再次找回那股曾經擁有的熱情；張校長的教育與行政的卓越態度乃連結於信仰的核心價值「愛」，因此，書中分享許多聖經的經文與故事，深盼讀者能「打開天堂學校的密碼」。書中一段話，令我十分感動：「努力經營學校特色，行銷招生，或許能讓一個學校變大；但唯有充滿愛的力量、理念與價值的堅持，才能讓一個學校變偉大！」人們常在追求「變大」，但生命之所以豐富、精彩與不朽，是因著「偉大」背後，那從上帝而來的力量。

黃銀成

輝道校長願意讓自己變得透明，永恆眞理恩光照遍校園，那晦暗不清的教育現場，開始有意想不到的生命交會……我彷如遇見教育現場的巴哈 SDG（Soli Deo Gloria）！

輝道是我三十年老友，他的生命就是一首愛的歌，充滿創造力、陽光與熱情。我確信他的活水泉源來自上帝，從他每天張開雙臂擁抱孩子的溫度中，看見教育是他的生命，愛是一切的答案！

陳琇熔

一位跟隨耶穌的校長，緊握著天堂的鑰匙，生命屢見神蹟，職場喜見一連串愛的奇蹟。這是一本職場宣教的好書，值得推薦與推廣。

陳恩澤

讀過輝道校長著作的《遇見神蹟在我家》，印證了福音本是神的大能，要救一切相信的，唯有耶穌是一切問題的解答。我眞心再推薦這本書。

鄭家寶

張校長，用上帝的話作爲辦學的標竿，以溫暖的筆觸訴說的每則故事，彷彿是好牧人和羊兒在青草地對話的實景，寧靜，卻有無比的力量。

劉良義

羅美娥

目錄

第二部曲

邀請**耶穌**來辦學

第三部曲

相信有**愛**，就有**奇蹟**

自序

我是一位教育工作者，一九六八年生，一個敬畏神的人。

曾經擔任國小教師十年、國小主任十年，獲頒教育部師鐸獎，現任國小校長第八年。

國立中正大學教育學研究所碩士，目前於「中華福音神學院（延伸部）」進修中。

一般人相信天堂，更大部分的人相信，天堂是人死了以後才去的，人所面對共同的終點是死亡，但面對死亡時卻超乎想像的恐懼；如果可以，我們希望選擇活著上天堂。因此我們需要一把鑰匙，活著時就能打開天堂學校的密碼。

活著上天堂，是我寫這本書的目的，也是眞實！

前言

天堂學校

西諺云：「As is the principal, so is the school.」有怎樣的校長，就有怎樣的學校。

校長是權柄者、是一個學校的蓋頭、決定了學校的一切；而「權柄」是上帝所設立的，「在上有權柄的，人人當順服他，因爲沒有權柄不是出於神的。凡掌權的都是神所命的。」（羅馬書十三1）

如果權柄者不認識上帝，可能會是一種災難。

同樣的邏輯思維，我們可以這樣說：有怎樣的爸爸，就有怎樣的家庭；有怎樣的牧師，就有怎樣的教會；有怎樣的縣市長，就有怎樣的城市；有怎樣的總統，就有怎樣的國家。因爲，他們是權柄者，權柄是神所設立的。

這本書中所陳述的，都是活生生的生命經歷，貫串在其中的有學校、校長、老師、學生、家長、社會環境……等等，以及他們所交織出來的故事；但實際來說，你應該輕易地發現，這個「學校」也存在於我們心裡的某個重要角落。

故事中所帶出的相對議題，實際上是權柄者、城市、家庭、父母、小孩、人際互動等角色在愛中所激盪出屬於全人類的共同追尋，一種眞愛、眞理、眞平安、眞喜樂的國度，我們叫它：「天堂學校。」

一般人相信天堂，更大部分的人相信，天堂是人死了以後才去的，人所面對共同的終點是死亡，但面對死亡時卻超乎想像的恐懼；如果可以，我們希望選擇活著上天堂。因此我們需要一把鑰匙，活著時就能打開天堂學校的密碼。

活著上天堂，的確是這本書的目的，也是眞實！

法利賽人問：神的國幾時來到？
耶穌回答說：神的國來到不是眼所能見的。
人也不得說：「看哪，在這裡！看哪，在那裡！」
因爲神的國就在你們心裡。（路加福音十七20－21）

神的國，用大部分人能理解的說法來表達，就是「天堂」。

聖經對於天堂的描述，很能滿足我內在對教育的盼望；耶穌說天堂裡的人都像小孩子，純潔，謙卑，愛慕靈糧（馬可福音十14－15；哥林多前書十四20；彼得前書二2）；在天堂每個人都過著愛神愛人的生活（馬太福音十九17，廿五34－40；約翰一書三21－24，四17）；他們總是多多行義，處處發光（馬太福音六33，五13－16、20）。

這就是天堂學校的畫面。

赤子之心，那種最貼近原始的存在，就是一種最初的愛心；每個嬰幼兒都剛從上帝那裡來，最接近天國的圖像，他們單純的愛著天父、單純的愛人；他們自在的哭、自然地笑，如沐春風的笑臉，在小小的臉龐放光，口說「ㄇㄢ ㄇㄢ ㄇㄢ……」的言語，是天國的語言，是愛的言語。

當我背上背包，離開了繁華的都市，將大校長、大績效、大權力、大名聲、大財富……丟在背後，勇敢的往山上偏鄉走去時，是因爲我知道，幾乎每一件事：所有來自別人的期待、所有的完美、所有的名利權力、所有曾經面對自己的罪所留下的恐懼、所有的荒唐或得意，在死去之後都會消失，只有最眞實的東西才會留下。

那是愛！

接著，我所做的事，就是把每一天都當成生命的最後一天，在清晨禱告時列出清單，靠著靈裡的感動去做每一件事。我必須確信，我眞心愛我所做的每一件事，而這些事合神心意、討神喜悅，因爲，只有「愛」才能永遠留下來。

> 神就是愛；住在愛裡面的，就是住在神裡面，神也住在他裡面。
> （約翰一書四16）

神是靈、是造物主，超越時間、空間，是昔在、今在、永遠都存在的全能神；哪裡有愛，那裡就是天堂。

你的國家、你居住的城市、你的教會、你的職場、你的家庭、你的婚姻、你的孩子、你和你內心最深處的自己——那個和你年紀一樣大的嬰兒，都將因著神的愛，大大澆灌充滿下來，成爲一所所最獨特、最美好的「天堂學校」。

第一部曲

尋找天堂的入口

第1章　到山上教書

剛滿四十歲生日的十天後，奉派到一個市區的中型學校，這是一個傳統名校，附設幼兒園、資源班，編制完整，對於初任校長來說，三十多班的學校，是一所富有挑戰性、又可以磨練自己的好學校。

四年之後，我自願請調到山上的一所偏遠學校服務。

這是一個典型的偏遠小學，海拔六百公尺，入冬和春分時節，時常雲霧繚繞，冬天特別冷，全校六十個學生，開學那一天清晨七點，在校門口歡迎小朋友回來上學，氣溫只有四度。很冷……

但天氣的冷，不算冷！

報到那一天，家長會長跟我講了幾個冷笑話。

會長說：「校長啊！我跟你說！我們這裡有三多。第一，吵架多！怎麼說呢？就是十幾個老師吃飯分三桌，上個月告上法院的事還

沒解決……第二，黑函投訴多，前兩任校長都被黑函攻擊調走……」

故作鎮定的我，忍不住追問，第三多是？

「家長意見多啦！」不過也不完全是這樣，看人啦！會長接著說：「我們這裡號稱流氓窟、鬼仔庄！上次一個小偷到村子裡偷東西，警察還沒到，小偷已經被打斷手腳、躺在一旁哀嚎了……」

時空彷彿停格般的在我眼前，看著會長豪情萬千的表情，激昂的聲音卻離我越來越遠……心裡面，那些調到偏遠山區實現教育理念的美麗幻想，凍結在這座山城。寒冷的冬天，對我這位從未長期生活在山上的訪客來說……很冷！

超級陽光團隊

這樣的寒冷在心中沒有停留太久！我很清楚的知道，愛能遮掩一切的過犯，愛是一切問題的答案。

愛是力量、愛是眞光，愛是信心的磐石。

當我們大聲宣告「愛」的同在時，黑暗、沮喪、猜忌、悲傷都要離開！我相信，愛會修復關係，拆毀人與人之間那道隔斷的牆，這是

一座美麗的山城，值得擁有溫暖與陽光。

黑夜已深，白晝將近。我們就當脫去暗昧的行爲，帶上光明的兵器。（羅馬書十三12）

迎向陽光，黑暗就被拋在腦後！我相信，光就要臨到。

於是，提筆寫給孩子一封愛的書信，嘗試讓孩子認識我，更認識我所要表達的「愛的語言」，這封信很快的送到每一個孩子的手中：

親愛的小朋友好！我是剛上任的新校長。

喜歡小朋友叫我「瓜瓜校長」或是「瓜爸爸」。閱讀、運動、音樂是我的興趣；喜歡看螞蟻搬家、也喜歡跟著蝴蝶飛舞。

小朋友快樂時，我的心情就像甜甜的哈密瓜；小朋友傷心時，我的心情也和苦瓜一樣；當你熱情，我像夏天的西瓜；當你遇到困難時，我好像變身成灰姑娘的南瓜馬車，衝到你身邊幫助你！

很喜歡卡通「航海王」的故事，看著魯夫和一群彼此信任的夥伴，朝著同一個方向勇敢的追逐夢想，他們擁有各自對理想的堅持，運用天馬行空的創意，發揮無窮無盡的潛力；熱情、活力、陽光、歡笑、信任、尊重……的夥伴關係，允許每一個人運用自己的特色對

團隊做出貢獻，看似平凡卻不可取代，單純的信念，激盪出偉大的力量。

單純，令人感動；單純，靠近成功！

歡迎你加入「陽光號」這艘航向夢想的船，成為活潑、健康、快樂的夥伴，我會努力讓自己成為一位好船長，讓我們一起進入偉大的航道（Grand Line），一起實現夢想吧！

接著，帶領全校教職員同仁，成立「超級陽光」團隊，鼓勵裡裡外外接受陽光。

從校長室做起，把窗簾、紗窗都敞開，帶動辦公室及每一個教室，將貼在窗戶、門上的海報、窗簾都拉開，歡迎陽光灑進來。

帶領老師，深入學校的每一個倉庫，把十年未曾整理的舊物清除，未曾使用的空間活化。

輔導室主編對外的刊物，也換上新裝，取名為「小太陽」；老師的大辦公室重新整合，桌椅重新排列，讓每一個處室都面向陽光。倉庫變身成了「果子工房」，點綴了鵝黃與水藍的油漆，心情也就煥然一新。

校園裡，雜亂的花圃重新栽植新意，規畫「櫻木花道」、「桂花巷」、「薜荔愛玉」、「金針花海」、「野薑花區」、「咖啡森林」、「香草步道」七大學習景觀步道，並以打造「一所香草學校」爲主要的發展主題之一。

校園七分巷旁的圍牆邊，經過鋤草、整地、鬆土，各班都有了一小塊香草田，每週有固定時間，到這片生活農場體驗小小農夫的樂趣。

看著原本雜草叢生的菜圃換上了新綠，孩子們的汗珠滴滴落土地，夾雜著七嘴八舌的對話，每個人彷彿都搖身變成專家。

我期待每位師生都種香草、懂香草、喜歡香草，也能認識校園內時常大豐收的薜荔愛玉以及愛玉小蜂的生態故事，每個人都會搓愛玉、製作愛玉凍；「憐香惜玉」成爲生活的一部分。

在「果子工房」中，以「一切都很好！在第七日歇了一切的工，休息……」（參創世記二3）的異象，將香草結合手工皂的製作，融入親子活動，自創香皂品牌「親愛的，七分好嗎？」

另以「以風爲使者，以火焰爲僕役！」（詩篇一〇四4）的概念，摘採校園咖啡樹，探索研究，做成極具特色的「天堂咖啡」吊

飾，讓學校成爲一個愛的有機體。

每位師生都參與蜻蜓觀察與蝴蝶園建置、螢火蟲復育的活動，社區生態步道是我們熱愛自然、守護地球的「螢光蝶舞」體驗課程。

每個孩子都會吹直笛、都會說一則三分鐘故事、都精讀「影響孩子生命的12本書」。

【七分果子，十分有味】

故事，串起了山這頭心靈的跳動！
那是風，是雨；是陽光，是呼吸；
是心動，是笑臉；是晨昏，也是如沙的繁星點點……
一所用生命寫故事的學校。
孩子們親手栽植的香草，蜿蜒在七分巷旁的校園一隅，
用心用情、細膩捏塑，「親愛的，七分好嗎？」香草手工皂，
成為浪漫的詩篇，獨一無二、無法取代！

一顆果實、一位老師；一群孩子、一點好奇；
帶出了天堂的原味。
校園的咖啡樹，質樸的手作風情，幻化為醇濃的咖啡香，
正如學習的熱情如火，
烘焙出粒粒分明、晶晶亮亮的跳動音符。
「七分果子」是我們在七分山上的心靈故事，
香草、咖啡、愛玉、螢火蟲、風一般的木笛聲……
七十位師生單純的心，寫下十分有味的童年！

接近這一年夏天，必須送走畢業生，在畢業紀念冊校長的扉頁上，送給畢業生一段話：

親愛的孩子們，

捧在掌心，澆灌呵護著的，是你童年成長的軌跡；是你揚帆待發的神采！「如今常存的，有信、有望、有愛，其中最大的是愛。」凡你們所做的，都要憑愛心而做，把愛捧在你的掌心，用一生去呵護，讓愛永不止息。

寫下這段話，也象徵我來到山城一個學期了。

蝸牛爬慢慢

在都會區的初任校長生涯裡，遇到一些內在無法跨越的問題，是一種理想與現實的拉扯、哲學觀與價值觀的辯證，或者說是一種內在魂結與聖靈的爭戰。

很遺憾！那個時候並不認識耶穌，或者說，才正要開始接觸基督的信仰，絕大多數的時候，都是靠著自己的能力面對、解決問題；包含這些內在弔詭的爭戰。

這些爭戰包括：

一、「重視效率績效至上的學校經營」與「單純想當一個老師的赤子之心」
二、「校長團體中主流文化的價值」與「對教育理想實踐的自我認同」
三、「領導者承擔平庸結果」與「追求卓越的創新思維」
四、「資深掌權者的扞格」與「建立愛與合一的團隊」
五、「少年得志的怠惰」與「內心火熱的動能」
六、「煮蛙效應」與「靈魂甦醒」

這些嚴重的內在衝突，使我在擔任校長的角色時，非常憂鬱！有時甚至茫然、空虛到要死去。很害怕自己成爲一個活的死人，但卻又無力眞正的改變什麼。

號稱演說名嘴的我，也曾到處演講。專攻的領域是班級經營、生命教育、親職教育、行政管理與潛能激勵，演講中時常強調理想的堅持與實踐，激發愛與團隊的願景；然而，演講中論述的理念或傳授的具體做法，指向的目標看似正確，行進的軌跡卻是另一種弔詭的論證，就像爬到山頂之前所發生的一切，有時候遠比攻頂成功還重要。

但是，大部分的人並不在乎過程。不做沒效率的事、不做沒效果的事、不做沒效益的事；遇見耶穌之前的我，也是如此！

以前的我，行事及思考的軌跡，應該就像是一台戰鬥噴射機；做事很急躁、不要命的衝、完全靠自己。就算時勢不允許，一旦動了念，一定發揮不怕苦、不怕難、人定勝天的精神，不達目的絕不終止！

有一次，有人介紹我認識一位新朋友，他是一隻「蝸牛」。

他是《蝸牛爬慢慢》這一本書的主角，透過他所分享關於追尋生命的故事，帶領我更多體驗上帝創造萬物的奇妙。

這是智利環保作家路易斯．賽普維達所寫，讓大家在急功近利、急著向前衝的時代裡，重新愛上自己的速度。

書中描寫：「一隻想要知道自己為什麼動作總是慢吞吞的蝸牛，離開長久居住的舒適草地，在冒險中不僅找到屬於自己的名字，也發現了動作慢的好處；在家園面臨人類土地開發的威脅之際，勇敢地擔起責任警告蟻后、甲蟲和鼴鼠越來越逼近的危險，更帶領整個蝸牛族群開啓一段尋找新蒲公英國度的旅程。」（書摘，晨星出版社，2014）

循著蝸牛的軌跡，內心又重新整理建構自己生命的速度。

現今的世代中「速食店、便利商店、安親班」對許多孩子而言幾乎不可或缺。相對的，也讓我們看見講究「快速、便利、傑出」的教養觀念深植在許多父母的心中，甚至已經成爲這個世代的普遍價值觀。

蝸牛爬慢慢的故事，帶領我有機會停下來和自己的心說話，重新選擇自己的速度，調整生命的節奏感。

「爬慢慢」是造物主的恩賜，也可以是一種「選擇」！

選擇不同的速度，生命會有不同的遇見；開始有機會跟更多不同的自己、不同的別人、不同的環境對話，重新認識生活的態度、重新說自己的故事、重新定義自己的驕傲。在大家急著向前衝的世代，重新愛上自己的慢吞吞。

在蝸牛的旅程中，充滿了冒險與挑戰！

故事中的蝸牛，從思考「我是誰？」開始，勇敢的用自己的速度、自己的特色，去追尋那存在牠心中的眞理，卻因爲選擇放棄「例行工作」，因此時常被誤解，甚至被懷疑、恐懼、孤單、沮喪的情緒所籠罩。

蝸牛身處在與自己不同想法的世界中，被貼上「異議分子」的標籤，看似諷刺的，這標籤成了牠的名字，但在爬到目的地的旅程中，上帝使用了牠的軌跡，成爲喚醒我們靈魂的光。

在我的眼中，「蝸牛」就像是每一個孩子。

在他們的成長歷程中，時常伸出觸角來探索世界，許多孩子就像「異議分子」，在跌跌撞撞後，幸運的找到了自己；但很遺憾的，大部分的孩子被「快！快！快！」的期待霸凌著，而漸漸的縮起觸角，時常躲在硬硬的殼裡冬眠，他們有時像是被滾來滾去的「皮球」；有時又像是冷漠的「石頭」。

更多時候，我就是這些蝸牛。

蝸牛的旅程中，遇見許多特別的朋友，「烏龜」讓我學習到「陪伴」是一份眞愛；「貓頭鷹」讓我看到造物主的智慧，彷彿在提醒著我們，生命有一條道路是在眞理中才能尋得的。

我從蝸牛身上學習到「爬慢慢」是一種勇敢；存勇敢的心，必得大賞賜！爬到盡頭之後，回顧每一個步履，才能理解生命的價值，才能清楚靈魂的軌跡，才能看見天堂的入口，找到一個全新的國度，那充滿蒲公英的佳美之地，正是上帝應許賜給我們的「新天新地」！

人的盡頭，神的起頭。

我相信，蝸牛的生命旅程，絕對是一個訴說「永恆不變」的愛的故事！也因著這份永恆的愛，讓我有勇氣重新選擇自己的速度！

就像，到山上教書。

第2章　重新定義校長的角色

循著腳蹤回顧，彷彿在遙遠的記憶深處，看見一顆最初的心。

到山上教書，是因爲渴望能再找回那顆「初心」，那份在小學四年級的作文課「我的志願」中所寫的那樣，想當一個老師，天氣熱了就可以帶學生到大樹下玩「大風吹」的小學老師。

重新思考校長這個角色，它應該可以更靠近一個老師的形象，更直接的參與教學，擁抱每一個孩子，可以和同事們親近如一家人，彼此相愛，眞正用一個父親的愛去愛每一個人。

雙重心的領導

努力回顧教育學領域中，對我在行政領導上影響最深的理論就

是，雙重心領導。

這是一種兼重「技術性」與「象徵性」雙重心領導的邏輯與藝術，在中正大學教育學研究所攻讀碩士時，恩師林明地教授對我有很深的啓發，但我資質駑鈍，就算深入體會，仍然難以一窺全貌、融會貫通。

技術性的領導就像是一個「工程師、計畫者、資源分配者、協調者、視導者、資訊傳播者、法官、把關者、分析家」的角色，帶動出一個運作良好的工廠。

象徵性的領導則像是一個「心靈藝術家、歷史學家、人類學偵探家、願景專家、符號、陶匠、詩人、演員、療傷者」的角色，偏重象徵性的領導，學校像是人人鍾愛的教會。

在雙重心平衡的邏輯與藝術中，面對許多弔詭的命題，年輕時攻讀學位、紙上談兵，不太能完全理解，等到自己眞正在學校的領導角色上了，才發現一些端倪。

也許我們是人……喔，不！應該說，我們的確是人，不是電腦！因此也不可能完全成爲雙核心的CPU，自由無礙地運行。有時候我們希望在這種領導的理論中，竭盡心力找到那個號稱爲「藝術」的平衡點，但大多數時候，我們裡外不是人！

在手札上寫下：「新愛的教育」——凡事包容，凡事相信，凡事盼望，凡事忍耐。這一次，決定率性走往天平的單一邊，學習「僕人領導」的精神，經營一個人人鍾愛的教會。

我的教育觀

努力經營學校特色，行銷招生，或許能讓一個學校變大；但唯有充滿愛的力量、理念與價值的堅持，才能讓一個學校變偉大！這是擔任校長之後很深的體會。

教育理念

腦海中對教育的想法，一方面在追求卓越：精緻、優質、影響力；一方面在實現公義：教育機會均等、積極性差別待遇。但是，必須靠著清楚的理念，才能在面臨每一個決定時，不至偏差；而這樣的價值觀與力量來自眞理。

我的教育理念出自聖經詩篇，「慈愛和誠實彼此相遇；公義和平

安彼此相親。誠實從地而生；公義從天而現。」（詩篇八五10－11）認爲二十一世紀的學校，應是以愛爲核心，強調公平（平等）、公義（正義）、誠實和人性化（慈愛）的學校。

辦學目標

「動靜合宜、適性揚才、謙卑和平、捨己博愛」是一種對孩子的盼望，也是自己在教學過程中，不斷提醒、勉勵自己的身教準則。因著自己成爲怎麼樣的人，才有機會帶領孩子實現怎麼樣的未來。

讓兒童透過有效學習找到生命的核心價值，以轉化爲面對未來生活的實體力量，並成爲一個對「關係」有正向影響力的人，帶出對世界「仁愛、喜樂、和平」的具體貢獻。這是我的辦學目標，爲要完成上帝的旨意，祂說：「教養孩童，使他走當行的道，就是到老他也不偏離。」（箴言廿二6）

實踐動能

神就是愛！因此，堅持以愛爲基礎的、核心的、外展性的動能來完成這樣的目標。愛適用在每個情境，不管是基礎的或高層次的認知、情意、技能，都能以「愛」爲動能來執行，至於實踐的良窳，取決於我們對眞理、眞愛的認識。

對於「理想」與「現實」在實踐時所帶來的落差或衝突，其實上帝對我們有很重要的提醒：「公義和公平是你寶座的根基；慈愛和誠實行在你前面。知道向你歡呼的，那民是有福的！耶和華啊，他們在你臉上的光裡行走。」（詩篇八九14－15）

具體圖像

愛的學校：一個山城學校的教學現況。

生活的：靜若處子、動如脫兔。

【吹直笛】每個孩子都會吹直笛，全校就是一個直笛合奏團。鳳凰木下、椰子樹邊，校園笛聲處處悠揚。

【打木球】每個孩子都會打木球，學校就是一個簡易的高爾夫球場。ㄎㄡㄎㄡㄎㄡ的聲音，如同鏗鏘有力而健康動感的節奏，動靜之間，孩子們調和出最美的樂章。

生態的：創意源於自由，探索豐富生命。

【勤探索】豐富的生態環境俯拾可得，發現亮點、探索驚奇，每

天都像是一趟尋寶之旅。咖啡、香草、愛玉；蜻蜓、蝴蝶、螢火蟲，交織出無限想像的學習天堂。

【樂實驗】導入科學實驗研究，校園就是孩子的實驗室，打開好奇心，走出教室，這裡是孩子夢想的王國。

生命的：深度閱讀，明心性、拓視野。

【說故事】每個孩子都會說、學、逗、唱，隨手捻來，都會說一則精采的三分鐘小故事。說故事成爲帶得走的才藝，時時說、處處說；帶出自信、帶來歡樂！

【愛表演】每個孩子都能上台演戲！融入國、台、客、英多語呈現，布偶、音樂、歌謠、戲劇……專業的視覺表演藝術課程，年度公演成爲每個孩子的最佳生命體驗。

香草校長

我是從「香草校長」開始了山上的生活。

捲起衣袖，將校長室門外的花台改爲香草園，並帶著每一位老師、每一個孩子開闢各班專屬的香草農場，期待從親近土地開始，讓每位師生都種香草、懂香草、喜歡香草。

心裡想著，融入香草小鎮觀光特色，發展以香草爲焦點的課程，加上學校後園牆旁，那些多產量的薜荔愛玉，不就變成一個「憐香惜玉」的學校，忍不住會心一笑，這樣的學習好浪漫！

接著開始幻想這樣一所學校，白天，在一片綠草如茵的大草地上，有著蝴蝶飛舞，是一座不用鐵網圍著的大蝴蝶園；夜裡，透過每位師生都參與螢火蟲復育及野放，所帶出的夏夜螢光點點，忍不住哼唱著「螢火蟲呀慢慢飛，微風輕輕吹，天上星星咪咪笑，妹妹不要睡……」多麼動人的「螢光蝶舞」生態課程。

新學期，在網站上貼文邀請有理念的老師調到山城來服務，一起爲偏鄉孩子貢獻心力，在教育中找尋一種「最初（原始）」的可能性，成爲一起實踐夢想的夥伴。對偏遠地區來說，穩定、優質的師資，是學校能否永續發展最關鍵的因素。

山上，特別歡迎有「愛的特質」的老師投入：

一、陽光，帶著正面樂觀思維！

二、熱情，蹲下來看著孩子的眼睛說話！

三、夢想，喜歡做夢、逐夢、實現夢想！

接著，生活就變得越來越有趣了，除了分批的接待每一班的孩子到校長室坐一坐，彈吉他教他們唱歌，也一起談談夢想、朋友及他們家裡的故事，每一個孩子都像是我的孩子，他們的故事就是我的故事。

孩子開始在放學的時候和我擊掌說再見，有時候，我也以深深的擁抱，在他們遇到挫折需要「加力氣」時，給他們最直接的支持。

孩子們輪流到各班說一則三分鐘的小故事，我則負責在升旗朝會時，成爲一個愛說故事的「故事校長」帶動風潮。依著他們面對著的問題，在「蒲公英希望月刊」中尋找素材，改編後當成故事的腳本，帶出愛的力量和自由的福音。

故事校長

廟會活動是山城的主要信仰，有些孩子在家長的支持下，時常擔任武打陣頭的演出，少數學生也加入八家將的練習。

有一次，幾位小朋友參加全市的武術大賽大放異彩，拿下好幾個項目的第一名。回到學校後，卻發現這些孩子們時常耍狠耍酷，甚至欺負弱小！於是，在隔週的朝會中，對孩子們說了一個故事：

有個農夫，每天早上天未亮就起床，用腳踏的方式，透過水車從水圳把水輸送到田裡。

在他的下方是鄰居的一塊田，有一天晚上他發現鄰居在靠近他的田邊挖了一個缺口，正好將他辛辛苦苦用腳踩來的水排進他的田裡，這樣一來，他田裡的水很快的就流乾，而鄰居卻不勞而獲的偷用他的水。

他二話不說，將缺口塡上土，又重新踏水把自己田裡的水再度打滿，誰知接下來的幾天，他的鄰居又照做，將他辛辛苦苦踩來的水引走。

他告訴自己：「我不僅要做對的事，應該做得『比對更多』。」於是隔天清晨，他比平日起的更早，先爲著下面的兩塊田踏水，然後再爲自己的田踏水，如此一來，大家都有水了。

鄰居得知後，對這件事非常的驚訝，好奇的問他：「我這樣對你，你怎麼不生氣？甚至還幫我？」農夫摸摸頭，笑笑的說：「我心裡有一個微小的聲音對我說話，我很珍惜自己健康強壯的身體，也眞心感覺到你對水的渴望！」

各位小朋友，這個故事讓瓜瓜校長感受很深。在我們的學校，個個武功高強。校長要特別期勉武術隊的小朋友，把你的體力、武力、耐力用來幫助同學，幫助許多比我們更弱小的人。

惟有如此，你的武功才會爲你的生命帶來眞正的意義！去愛更多人，在別人的需要上看見愛！

一、眞正的愛，是看見別人的需要，在別人的需要上付出。

二、珍惜我們自己所擁有的能力，把能力化爲愛的力量。

三、我們可以做得比自己想像的更多。

對著小朋友說完了話，自己的內心有些省思：

義人的光明亮；惡人的燈要熄滅。驕傲只啓爭競；聽勸言的，卻有智慧。不勞而得之財必然消耗；勤勞積蓄的，必見加增。所盼望的遲延未得，令人心憂；所願意的臨到，卻是生命樹。（箴言十三9－12）

又有一次是「母語日的發表會」，由各班上台朗誦台語讀本，並且鼓勵師生全天用好聽優雅的台語對話，因此早晨的兒童朝會，也都全程使用台語。

當時剛月考完，聽見孩子在校園討論關於公平和誠實的問題，於是趁機用台語和小朋友說了一個故事：

有個年輕運動員，在參加職業迴力球巡迴比賽的時候，第一次進入決賽，並且有機會贏得冠軍的獎盃。

當比賽進入最後一局，雙方平手，只要這球得分，他就可以贏得比賽的冠軍。他發出強勁的一球到對方前場角落，裁判喊說好球，另外一端的線審也判定這球得分，他贏得了比賽的冠軍，全場歡聲雷動。

但是，年輕人遲疑了一會兒。轉向裁判說：「這球其實已經打到牆，先擊中了地板。」因此，他丟了發球權，他的對手也因此贏得了比賽。

走出球場，每個人都啞口無言，驚訝地說不出話來。

他接受雜誌記者訪問時，記者請他談一下在比賽中發生的事件，問到：「在那場比賽裡，你明明可以贏得比賽，因爲評審並沒有發現問題，你爲何要在最後關鍵時刻說出自己的失誤，而失掉冠軍的榮耀呢？」

他回答說：「我可以選擇贏得比賽的冠軍，卻可能失去了生命中

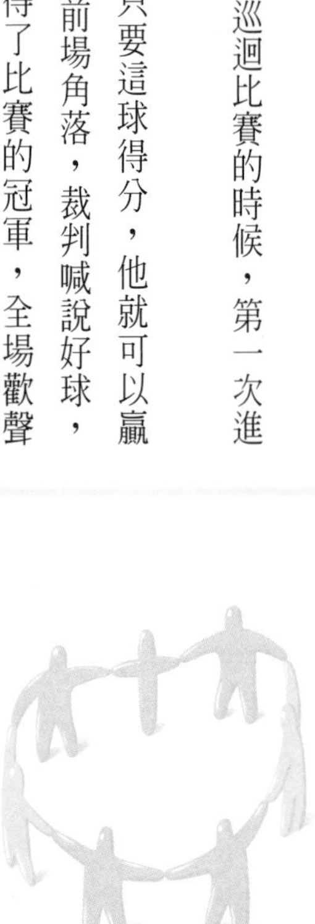

更珍貴的東西；我選擇珍惜另一種生命的價值。」

這讓瓜瓜校長想起小學四年級時的一段往事：

第一次月考結束，發現自己的總分贏過了鄰座的同學一分，那代表著我可以成爲全班第三名，這也是入學以來，第一次可以接受全校公開表揚、獲得學校的獎狀。

正當我非常開心的時候，卻發現國語考卷「寫注音」的其中一個字，正確答案是第三聲，我寫成了第二聲，老師卻沒有發現，少扣了二分。

內心掙扎著，要不要主動告訴老師；如果說了，將失去第一次得獎的機會……

今天，校長要誠實的告訴各位小朋友：當時，校長沒有說出口！這件事成爲我心中的一個祕密。直到如今，三十多年過去了，每當我看到貼在老家牆上的那張獎狀，心裡就有說不出的慚愧和憂傷。

孩子們！瓜瓜校長想說的是，或許我們的生命都不那麼完全，但是當我們偶而聽到心中有一個微小的聲音在對自己說話的時候，要學會用心聽、小心判斷、作出決定。我們也可以在生命的歷程中，像那位年輕的運動員一樣，作出一個可以守護生命價值的決定。

你要保守你心，勝過保守一切，因爲一生的果效是由心發出。你要除掉邪僻的口，棄絕乖謬的嘴。你的眼目要向前正看；你的眼睛當向前直觀。要修平你腳下的路，堅定你一切的道。不可偏向左右；要使你的腳離開邪惡。（箴言四23－27）

這些說故事的時刻，是我和孩子們的心靈互動，透過不斷的「實踐—對話—實踐」的歷程，堅定眞理的道路，不偏左右，努力培養一種實踐眞愛的力量，守護孩子們腳前的燈、人生路上的光。

孩子們的心開始變柔軟了！偶而，撿到一隻屍體完整的小鳥，孩子們會帶到我的面前，請我爲小鳥禱告，在花圃的角落進行安息告別的儀式，並且小心的讓牠入土爲安；也會從樹上，抓到剛脫殼出土的蟬，就捉來黏著我的左胸口衣服上，好讓我在主持朝會說故事時，身上多了有錢買不到的行頭，等到升旗典禮結束了，幾個高年級的孩子才又小心翼翼地把牠送回樹上。

我也帶著每一個孩子吹直笛，讓全校就是一個完整的合奏團。吹著吹著，還曾經以全校一到六年級六十人完全比賽，登上了臺中市直

笛大賽「甲A組」的舞台，獲得評審團破例「並列第三名」的肯定！當然囉，寫下這個愛的傳奇時，已經是我到山上第三個年頭。

香草校長、咖啡校長、螢火蟲校長、直笛校長、故事校長、木球校長、蟲蟲校長、愛唱歌校長……都成了孩子們對我的稱呼。

而我最喜歡他們叫我：愛的校長！

第3章　愛的校長

愛是從饒恕開始的，我開始發現人跟人之間，如果行不出愛，是因爲有許多關係無法饒恕；就學校的領導而言，如果無法建立一個在愛中合一的團隊，一切都是空談。

恨能挑啓爭端；愛能遮掩一切過錯。（箴言十12）

最要緊的是彼此切實相愛，因爲愛能遮掩許多的罪。

（彼得前書四8）

當我發現學校出現人與人之間對峙的危機時，開始有意識的在校園中提倡「和好的紫色運動」。

聖誕節前夕，邀請工作夥伴戴上一個特製的紫色手環，分享正面思考的訊息。並且寫了一首主題歌，邀請每一個人大聲對自己和別人

說：「我們和好吧！」

I hope the world will be peaceful forever.

學會和自己和好、和父母和好、和同學和好、和世界和好！

我相信，學校中每個人對美好的未來都有盼望，只不過在面對許多的困難或挫折時，一份眞實的愛未曾被激發出來。

就像每個人在生命的長路中，遇到無法承受的痛苦或困境時，找不到愛的能力。眞正的愛是一種能力，來自天上，是耶穌的能力。

在上帝的愛中，我們開始學會謙卑認錯並原諒自己，給自己重新開始的勇氣和機會；也學習饒恕別人，原諒別人有意或無意造成的傷害；因爲愛能遮掩一切的過錯，讓我們擁有喜樂平安的人生。

上帝造人很有趣，祂讓每個人在自己的生命中，都擁有一份專屬而特別的能力。謝謝祂讓我帶著滿滿的愛，成爲一位愛的校長，用說故事、唱詩歌的方式，在人與人內心的角落，撒下愛的種子，用心澆灌愛的樹苗，成爲一個小小愛的園丁。

好的樹結好的果子，我相信！這些種子有一天會開花結果，那些屬於「仁愛、喜樂、和平、忍耐、恩慈、良善、信實、溫柔、節制」的果子，就是愛的能力。

擁有愛的能力，就能陶塑愛的個人，建立愛的家庭，打造愛的學校，形成愛的社區，建造愛的社會，帶出對台灣、對世界、對人類的影響，讓愛與和平成爲上帝所喜悅的福音。

【World Peace 我們和好吧！】

閉上眼許個願　大人的世界　不再有拒絕不再打鬧
微風輕輕的飄　星星靜靜的搖
白雲像棉花糖　搭起一座美麗的橋
讓地球轉圈圈　末日的預言　不再有擔心不再害怕
我會很愛很愛你　你要很愛很愛我
大地像獅子王　用力吹響和平的號角
我們和好吧
白鴿飛　魚兒游　野狼也跟著跑
他們大聲説和好吧　讓愛擁抱冷默爭吵

有黑有白　青春年少
我們和好吧
I hope the world will be peaceful forever
L－O－V－E 和好吧　讓愛擁抱冷默爭吵
不懂的事別急著找　只要相愛就好

（詞曲　張輝道）

愛的力量

剛到山上那段時間，每逢下課時間，孩子們就如脫韁野馬，在校園裡吼叫，大聲說話變成一種習慣。甚至坐在校長室，時常聽到小朋友吼著不文雅的三字經。我猜想，孩子們並不知道這些言語的屬靈意義；或者說，我猜連他們的父母也不知道。

某一個清晨，早到校的兩個孩子爭論扭打起來，用髒話彼此辱罵對方，誰也不讓誰；帶著他們坐在鳳凰木下的大石頭上，牽著孩子的手，說了一個愛的故事：

有一個優秀的職棒選手，上場前總親吻他最愛的媽媽，他相信這會爲他帶來好運，每次，他都有很好的表現。

在一場車禍意外中，他受了傷，以爲再也不能打棒球了，於是酗酒、留連聲色場所，甚至染上毒癮。其實他的心靈很空虛，很痛苦，但他沒有能力可以離開毒品，只有越陷越深、越陷越深……

有一次，他甚至在家裡背著媽媽吸毒，被媽媽發現了！媽媽很痛心的告訴他：孩子！你正在傷害的不只是你自己，而是那些愛你的人！你知道嗎？「你殺的是我！」

聽到媽媽的話，他崩潰了！他決定徹底戒掉毒癮。用了一年多的時間，他終於戒了毒，甚至重新回到職棒場上，獲得了全壘打大賽的冠軍。

校長想要你知道，大聲罵出三字經，並不能讓你成爲一個威風八面的人，或者你以爲，這樣的表現眞的可以影響任何人嗎？「不會！」在我的眼中，這是一個懦弱者的行爲，只會帶來傷害，而傷害的卻是最愛你的人！

我愛你們，很愛你們！因爲校長是你們的瓜爸爸，我把你們都當成最愛的孩子，我希望，從今以後，如果你又不小心高聲罵出三字經，你會感覺到瓜爸爸的心很痛、很受傷！

不好的口頭禪，有時像毒癮。要一時改變並不容易，但校長相信，只要你的心願意，就會改變。要記得瓜瓜校長的提醒：想藉著「大聲的咆哮」來改變別人，是永遠做不到的，眞正的力量，來自堅定與眞誠的語句，輕輕說，就很有力量！

對著小朋友說完了故事，我在心裡作了一個禱告：

親愛的上帝：

但願美善的靈帶給我們力量，讓我們可以體會並感受到，教育一個孩子，必須先想辦法「打開孩子的心」；心打開了，才能進行「鬆土」的工作，接著才能藉由小朋友的內省與願意，「改變他」、「教養他」！

我觀察到校內幾個孩子，心是緊閉著的，當他大吼大叫、大聲甩門、大罵三字經時，心是完全沒有感覺著的！面對老師的指責教誨，總是一張茫然的臉，與一顆緊閉堅硬的心。

因此我禱告，祈求更多的溫暖與愛的力量在孩子的心靈動工，讓他們在還小的時候，就懂得用心傾聽世界，對人充滿信任，不害怕打開自己的心門。

求神賜給智慧和啓示的靈，讓每一位老師都用更大的包容和愛，來接納並教導每一個孩子。

天父，謝謝祢！祢在地上的孩子這樣的禱告，是奉耶穌的名。

阿們！

堅持到底

每逢深秋入冬之間，或者孟春時節，山上時常雲霧繚繞；清晨進入校園，迎面而來的是夢幻般的學校。小朋友從迷濛的霧中，一下子在眼前，一下子又消失不見……

耳邊輕脆的鳥叫，是可以直穿心靈深處的天籟，每一個角落都是驚喜，充滿感動！

有一天早晨，剛下車就在辦公室門口的那棵松樹上，看見一個直徑超過六十公分的蜘蛛網，特別在這樣一個剛下過雨、滿山雲霧的校

園裡，內心充滿了感動，想起了故事中的那隻蜘蛛：

有隻平凡的蜘蛛，始終懷抱著「想編彩色蜘蛛網」的夢想。同伴們卻取笑牠異想天開，並且認爲蜘蛛是不可能編出彩色蜘蛛網的！

然而，這隻蜘蛛並沒有因此放棄，牠努力尋找各樣方法，不論颳風、下雨，都不放棄停止織網，儘管會感到疲倦，也仍然沒有忘記這個目標。

隨著經驗增多，牠的編織技術也越顯高超，編出的網既紮實又牢靠，同伴們都覺得牠很厲害。但牠並不以此滿足，因爲牠依然沒有織出心中企盼的那張彩色網。

某個深夜，蜘蛛覺得累了，牠開始想放棄了。

「上帝啊！請教我編織彩色網的祕訣，否則，就請讓我不要再執著於這個想法吧！」蜘蛛以微弱的聲音禱告著。

清晨，溫柔的曙光露出，蜘蛛驚訝的看到，當陽光照射在蛛網上的點點露珠時，整張網頓時散發出炫目的七彩光芒！牠快樂的歡呼起來，蜘蛛終於明白編織彩色網的奧祕了：當自己努力的盡完本分，上帝自然會完成祂要成就的那一份！

神能照著運行在我們心裡的大力充充足足地成就一切，超過我們所求所想的。（以弗所書三20）

忽然間，我的眼角濕了，看著眼前的蜘蛛網，彷彿我就是故事中那隻異想天開的蜘蛛。

我閉上眼睛回想在教育路上的點點滴滴，也曾挫敗、跌倒；也曾驕傲、迷失。上帝給我們眼睛，我們卻容易只看見表象；容易看見別人，不容易看見自己！每個人都認爲，千錯萬錯不是我的錯，這正是我們生命的寫照。

我時常在許多資深的老師身上，學習到很多美好的特質，特別是那種堅持在自己崗位上，到退休前的最後一刻都毫不懈怠、努力將經驗與愛傳承給年輕一輩的人。

謙卑升爲至高，眞正的盡本份與謙虛，往往帶來別人最大的尊重，而這個尊重，是無關乎他的職位與年齡的。

「人所行的，在自己眼中都看爲正；唯有耶和華衡量人心。」（箴言廿一2）上帝爲人們創造眼睛，並不是要我們每天數算別人的

過錯，而是看見自己不足；於是我提醒自己，時常「閉上眼睛」，求神光照、憐憫我的軟弱，並能打開屬靈的眼睛，看見別人靈魂深處的需要，學會在別人的需要上「愛人如己」，上帝依著祂的時間，必要帶來美好的祝福。

無價的愛

山上的冬天是寒冷的，隨著天氣漸涼，小朋友的學習動力似乎也凍僵了。趁著輔導室規畫了一個以品格教育為主的生命教育週，我決定用一個溫暖的故事，開啓這個活動。

一年冬天，有個小女孩，陪病重的媽媽到醫院治病。

小女孩的家裡很窮，賣了所有能賣的東西，湊來的錢還僅夠一個晚上的醫療費。沒有錢，明天就得被趕出醫院。

無能為力的小女孩在醫院走廊裡徘徊，她天眞地想求上帝保佑，能碰上一個好心的人救救她的媽媽。

突然，一個從樓上下來的婦人經過走廊時，腋下的皮包掉在地上，可能是她腋下還有別的東西，皮包掉了竟毫無知覺。當時走廊裡只有小女孩一個人，她走過去撿起皮包，急忙追出門外，但那位女士卻上了一輛轎車揚長而去。

小女孩回到病房，當她打開那個皮包時，母女都被裡面滿滿的鈔票嚇呆了。媽媽毫不猶豫的讓小女孩把皮包送回走廊去，等丟皮包的人回來領取。

小女孩帶著一點疑惑的問媽媽：如果有這筆錢，就可以治好媽媽的病……

媽媽堅定的告訴她：孩子，有許多「東西」是金錢買不到的！像是誠實、良善、愛；我們雖窮，但是當我們想到丟了錢的人，可能多麼心急，更不該貪圖不義之財。

遺失皮包的是一個大富翁的妻子。大富翁焦急萬分，連夜去找。因爲皮包內不僅有五百萬現金，還有一份極機密的商業文件。

當富翁趕到那家醫院時，他一眼就看到，冷清的醫院走廊裡，靠牆蹲著一個凍得瑟瑟發抖的瘦弱女孩，在她懷中緊緊抱著的正是妻子丟的那個皮包。

大富翁在回憶錄寫下：「當我站在貧病交加卻拾巨款而不昧的母女面前，我發現她們最富有，因爲她們恪守著至高無上的人生準則，

這正是我追求一生最缺少的。雖然我擁有無盡的財富，卻是她們使我領悟到人生最大的資本是品格。」

美名勝過大財；恩寵強如金銀。（箴言廿二1）

凡是眞實的、可敬的、公義的、清潔的、可愛的、有美名的，若有什麼德行，若有什麼稱讚，這些事你們都要思念。（腓立比書四8）

我衷心的謝謝每一位願意到偏鄉服務的老師，每天在教室裡，對孩子的心說話，把無形的寶藏，許許多多用錢買不到的品格，教導給下一個世代的孩子們！這是眞愛的資產，足以改變孩子的一生。

「你要保守你心，勝過保守一切，因爲一生的果效是由心發出。」（箴言四23）山上的冬天雖然很冷很冷，但就像這個故事中的母親，用眞實的愛溫暖這個世界，讓我們能夠時常感覺自己心腸的溫度，守護自己的心。

忠心的僕人

時序更迭，很快的又將送走一屆畢業生，在禱告中求上帝啓示我一個故事，可以作爲送給小朋友的禮物，能夠激發他們在成長的路上，肯定自己、全力以赴！

孩子們！在你即將畢業之前，瓜瓜校長要送你一個故事，盼望有一天，當我們再見面時，你會帶回來豐盛的收穫，成爲一個對自己忠心的僕人：

有一個人要出外旅行，他叫僕人來，把產業交給他們。

他按照他們各人的才幹，一個給了五千塊金幣，一個給了兩千，一個給了一千，然後動身走了。

那領五千塊金幣的，立刻去做生意，另外賺了五千。

同樣，那領兩千塊金幣的，另外也賺了兩千。

可是那領一千塊金幣的，出去，在地上挖了一個洞，把主人的錢埋起來。

過了許久，那幾個僕人的主人回來，跟他們結帳。

那領五千塊金幣的進來，帶來了另外的五千，說：「主人，你給我五千塊金幣，你看，我另外賺了五千。」主人說：「很好，你這又好又可靠的僕人！你在小數目上可靠，我要委託你經管大數目。進來分享你主人的喜樂吧！」

那領兩千塊金幣的進來，說：「主人，你給我兩千塊金幣，你看，我另外賺了兩千。」主人說：「很好，你這又好又可靠的僕人，你在小數目上可靠，我要委託你經管大數目。進來分享你主人的喜樂吧！」

這時候，那領一千塊金幣的僕人也進來，說：「主人，我知道你是個嚴厲的人；沒有栽種的地方，你要收割，沒有撒種的地方，你也要收聚。我害怕，就把你的錢埋在地下。請看，你的錢就在這裡。」

他的主人說：「你這又壞又懶的僕人！既然你知道我在沒有栽種的地方也要收割，沒有撒種的地方也要收聚，你就該把我的錢存入銀行，等我回來的時候，可以連本帶利一起收回。

你們把他的金幣拿過來，給那個有一萬塊金幣的。

因爲，那已經有的，要給他更多，讓他豐富有餘；而那沒有的，連他所有的一點點也要奪走。
至於這個無用的僕人，把他趕到外面的黑暗裡去；在那裡，他要哀哭，咬牙切齒。」

（參馬太福音廿五14－30）

這是一個很特別的故事，帶給我們一些深刻的啓示：

首先，**每個人都不一樣**。

經過了六年在小學的學習，你們即將往下一個階段的學習邁進，但是，看看自己手中目前所擁有的「金幣」，數量可能並不一樣多。有的人五千、有的人二千、一千，擁有的不同。

這是一種常態，每個人不同！

因此校長要鼓勵你，接受自己與別人的不同，並且知道，不管你此刻擁有的是多或少，你都是最特別的、獨一無二的，也都是父母、老師眼中看爲寶貴的。

其次，**作個忠心的僕人**。

校長要勉勵你，作自己忠心的僕人。

感恩自己所擁有的，無須與人比較，就像故事中前兩個僕人，不

管他們擁有多寡，都盡力的經營，靠著自己的努力，讓自己成爲一個有價值、有收穫的人，當有那麼一天，回顧自己的一生、爲自己的努力交帳時，我們都可以昂首闊步的說：我是一個對得起自己的人！

校長更相信，一個忠心的僕人會爲社會帶來前進的動力，爲你的生命帶來眞正的平安喜樂！

最後，**不要輕看自己**。

記得嗎？每次有小朋友要代表學校參加校外的比賽，校長會公開的「授證」，並在你們的身上配掛一張「榮譽證」，除了祝福你們有好的表現，爲學校爭光；也代表一種肯定和榮譽，讓我們在其他學校時，也能展現最好的自己，成爲一個好的榜樣。

榮譽證下方有一排文字：

不可叫人小看你年輕，總要在言語、行爲、愛心、信心、清潔上，都作同學的榜樣。（參提摩太前書四12）

故事中最後一個僕人，害怕自己的不足，小看了自己的能力，因此失去了福氣，很值得我們引以爲戒。

校長勉勵你們，不要讓人小看你年紀小，說話要誠實，要說造就人的好話，污穢的髒話一句都不說出口；行爲正直、動靜合宜，看場合做最好的展現，該活潑時要展現活力，該安靜時要靜如處子；做事公義，對於弱小要有憐憫心，有能力時，不要吝於照顧別人；對自己的未來要有信心，時常感恩，讚美別人，就是信心的來源；做一個手潔心清，純潔的國中生，這些都是平日校長對大家最深刻的教導。

我們互相勉勵，都成爲自己最忠心的僕人。

在學校領導的工作中，我也努力地成爲一個忠心的僕人，因爲「萬軍之耶和華說：不是倚靠勢力，不是倚靠才能，乃是倚靠我的靈方能成事。」（撒迦利亞書四6）不管自己擁有多少上帝的恩賜，都要努力的經營，成爲一個好管家。

神就是愛！越是看見自己的軟弱和不足，也就越能感受到來自天上的力量是何等的可畏。我很喜歡聖經〈哥林多前書〉中的一段話，促使我更加努力地成爲一個愛的校長。

我若能說萬人的方言，並天使的話語，卻沒有愛，我就成了鳴的鑼，響的鈸一般。我若有先知講道之能，也明白各樣的奧祕，各樣

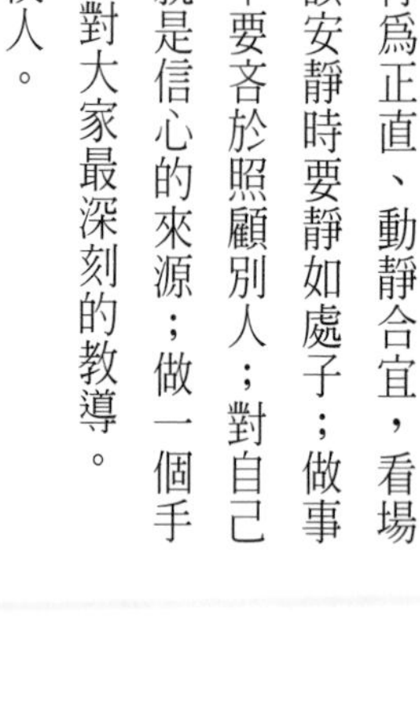

的知識，而且有全備的信，叫我能夠移山，卻沒有愛，我就算不得什麼。（哥林多前書十三1－2）

第4章　打開天堂學校的密碼

在一九九九年獲得教育部師鐸獎表揚時，距離離開校園成爲老師剛好十年的時間。

這個象徵教育界最高榮譽的師鐸獎，對我來說是個極大的肯定。許多人開玩笑，說我可以退休了。意思是說，很多教育人通常工作一輩子，在退休前才可能拿到的榮譽，我在三十歲就完成了。繼續往下走，還能做什麼？

其實，眞正了解我的人知道，得不得獎對我一點都不重要。

「喜歡當老師」，是我投入教育工作的唯一原因。

我在尋找一種本質的存在，或許那就叫作「初心」。

《初心不可忘》是我第一本書的書名，記錄一個菜鳥老師和一個畢業班孩子們心靈悸動的故事。

那是剛當完兵回到學校帶的班級，算是集「青春、夢想、熱情、

青澀」於一身的日子，也是教書生涯最珍貴的一段時間。在這段時期，不用特別去尋找或提醒關於「莫忘初衷」這一類的問題，因爲血液流著的就是最初的DNA。

說得再早一點，其實渴慕成爲一個老師，是在十歲那一年。

那一年夏天的某個酷熱的午後，老師一聲令下，帶我們到學校操場一角，那個號稱「兒童樂園」的一棵大榕樹底下，玩一種叫作「大風吹」的遊戲，「**大風吹，吹什麼？……**」的呼喊聲，就這樣在我的腦海裡迴盪、迴盪著……。

三十多年了，呼喊聲還在內心深處迴盪著！依然清楚的記得那一天天空的顏色、空氣的溫度和跑步回家興奮的喘息聲，像發現寶藏一般，迫不急待告訴媽媽：**長大後，我想當老師！**這成了我的宣告，也成了求學之路作文課「我的志願」唯一的命題。

於是，幼時常招聚左鄰右舍的玩伴到家裡來玩家家酒，扮演老師教學生的舊戲碼。每週上演，永遠擔任「老師」的角色，代價是偶而必須到爸媽的房間抽屜，去「拿」一些銅板，採買鉛筆、橡皮擦、作業紙……當作道具，也當作獎品。

一棵大榕樹、一群小朋友、一個夏日的午後、偶而輕拂臉龐的涼風……「**大風吹，吹什麼？**」在生命中吹呀吹，夢想也隨風搖呀搖，終於也走到了必須小心擦拭，才能看清楚「初心」的年歲。

初心的本質，就是一種「永恆不變」的眞愛，愛是天堂的入口；哪裡有愛，那裡就是「天堂」。

因此「天堂」對我來說，不是一個抽象的結果，而是一個具體存在的樣貌，它跟「初心」有很大的關聯。

天堂的學校，愛的學校！

那些爭戰的弔詭意念，「重視效率績效至上的學校經營」與「單純想當一個老師的赤子之心」；「校長團體中主流文化的價值」與「對教育理想實踐的自我認同」；「領導者承擔平庸結果」與「追求卓越的創新思維」；「資深掌權者的扞格」與「建立愛與合一的團隊」；「少年得志的怠惰」與「內心火熱的動能」；「煮蛙效應」與「靈魂甦醒」又一次湧上心頭……。

猛然發現，原來背著行囊到一個偏鄉教書，是一種逃避；也是一種面對。

這種面對，直到在山上待了三年，晨昏禱告，傾聽內心深處微小的聲音時，才彷彿找到一支「標竿」，重新插在那座初心的果嶺上。

我只有一件事，就是忘記背後，努力面前的，向著標竿直跑，要得神在基督耶穌裡從上面召我來得的獎賞。（腓立比書三13－14）

一日清晨，讀聖經〈启示錄〉時，聖靈帶領我找到了一些答案，那些關於內在的爭戰、眞理的提醒與教育的祕密！我相信，這是末世中神對學校教育的启示、是經營優質學校的法則，更是成就耶穌對「愛的學校」的期待；打開神在启示錄的七封信，正如打開通往「天堂學校」的密碼。

尋回起初的愛心

電影《上帝之子》的最後一幕，一個風中殘燭的老人在拔摩島與他的「初心」相遇，神對他启示了許多末世的眞理。

想像一個畫面，好像看見約翰離開這座海島監獄後，拖著蹣跚的步履，被好幾個人攙扶，亂髮及背，一個滿臉風霜的忠心使徒，切切趕回來「以弗所教會」，開口證道所傳講的第一句話就是：「彼此相愛」。

耶穌稱讚以弗所教會是個很棒的教會，他們不怕勞苦，辛勤工作，爲了服事教會、服事主，能夠持續投入大量的時間和精力，從沒有人怠惰過。他們有堅忍的毅力，雖忍受社會上的某些冷落、排擠，甚至面對仇視的眼光，依舊爲主忍耐了下來。

他們有見識、有堅持、有眼光；即便有會友倡議在神的恩典中，就算放縱慾望、罪中之樂，耶穌依然赦免，以爲只要信了耶穌，做什麼都可以。

以弗所教會恨惡錯誤的教導，對這樣的次級文化嚴詞駁正，這些輕率而廉價誤解耶穌的愛的尼哥拉黨人，也受到制止、教導和處置。

不過，老約翰拚了命回來，當頭棒喝就是：「你們要彼此相愛！」

忙碌辦學拚績效的學校很多，日夜操勞賺錢養家活口的父親不少；但是，如果缺了「相愛」，那不過是一些建築物和冰冷的房子，絕對稱不上是一所學校或一個家。

當我一路從帶班的老師，每天跟孩子在一起；經過了十年的歷練，爲了影響更多人，努力的成為一個主任；又過了人生的一個十

年，在接近四十歲那年，通過了層層的甄試，終於走到校長的位置。三十年的路程，感覺似乎越走越接近教育的核心，卻也似乎離教育的核心越來越遠、越來越遠……。

就像很多人，一輩子把大部分時間投入工作，走著走著，似乎越來越接近成功，猛然一回頭……越接近生命的終點，卻可能離最初的愛越遠！那些年輕時單純的夢想、那份與妻子在初戀時的誓言、在第一個寶貝誕生時內心的悸動，都隨著日子過去越顯模糊……。

對於「重視效率績效至上的學校經營」與「單純想當一個老師的赤子之心」的爭戰，在模糊的界線中，找到一些眞理的提醒：應當回想自己是從哪裡墜落的？要悔改，要行起初的事！

然而有一件事我要責備你，就是你把起初的愛心離棄了。所以，應當回想你是從哪裡墜落的，並要悔改，行起初所行的事。你若不悔改，我就臨到你那裡，把你的燈臺從原處挪去。（啓示錄二2—5）

於是，接下來的暑假，和團隊夥伴們共同擬定，推出了以「愛」爲核心主題的學校願景。

團隊名稱也從「超級陽光」調整為「JUST LOVE就是愛」。

師生在香草農場手作的紫蘇梅，也在感動中命名「愛梅」：我們愛美、我們最美。以「今天愛了沒？」來提醒自己，每天都有愛的行動，讓世界變得更眞、更善、更美！

> 我們應當彼此相愛，這愛是過於人所能測度的。（參以弗所書三19）

不要害怕做對的事

在十二年國教被熱烈討論的前幾年，新北市因著學童營養午餐貪汙案，許多校長晚節不保、鋃鐺入獄，應該是台灣教育界最大、最令人深省的新聞之一。

在那段時間裡，讀過一封信，是一位現職的老師有感而發的文章。收信的對象是與他同在一個鄉村農家長大，一路上從國、高中到師範院校都是同班的同學；職務剛被拔除，是因貪汙被判刑的校長之一。

看著有相同背景的同學，在貧苦的農家長大，從小的志願就是當一個好老師。

他們一起努力讀書，考上師專。

純樸農家父母的身教，就是最佳的品德教育。初任教師時，懷抱著對教育的熱情、理想，帶出了多少甘甜的汗水和淚水；爲了能影響更多未來的主人翁，爲了一份對教育的愛，在職進修、攻讀學位；擔任組長、主任，歷練各項工作，最後爬到學校行政的頂點，成爲一位校長，爲要一展抱負！

看著監牢裡的同學，追逐夢想、自我實現的畫面一幅幅飄過，出賣校長尊崇感的同時，也同時出賣了靈魂。

啓示錄中，耶穌寫給教會的第二封信，收件人是「士每拿教會」。

耶穌最大的提醒是：「你務要至死忠心！」（啓示錄二10）士每拿教會正承受一種受逼迫的苦，正因爲基督徒的信仰所帶出的理想和堅持，與世界格格不入。

如果你入伍當兵，而你不罵髒話也不說黃色笑話，很快就會逼迫臨頭，因爲你跟大家不一樣，特別不討老兵的喜歡。正如同一個不接受關說，不喝酒、不續攤，不參加家長委員、民代、廠商「免費」設宴應酬的菜鳥校長，很可能所經營的學校會很「貧窮」，人氣、捐款、補助、績效，一無所有。

甚至，還有更糟的事等著你，準備接受言語的逼迫、甚至黑函的攻擊。擋了人的路，似乎也擋了自己的路；一旦接受了魔鬼的試探，「監獄」只是「地獄」審判的看守所；「因爲罪的工價乃是死；唯有神的恩賜，在我們的主基督耶穌裡，乃是永生。」（羅馬書六23）

人人需要主，我時常爲深陷試探的朋友低頭禱告。

在校長的生涯中，如果能因爲堅守理想而受苦、受毀謗，甚至失去「升遷」的機會，有時是一件好事。耶穌說：「我知道你的患難。」（啓示錄二9）追求績效、財富、甚至成爲「大校長」的名望，並不是眞正的富足；因爲，在基督裡富足的人，才是眞正的富翁。

開始理解，很多時候，爭戰、受苦是好的。「校長團體中主流文化的價值」與「對教育理想實踐的自我認同」，在矛盾中開始清明。

從校長的角度來看，如果我們經營的學校，在實現眞理的過程，不需拉扯、爭戰，有兩種可能的原因。

一則是校長彰顯了十足的影響力，帶領學校穩固的在眞道上行著，朝著理想實踐的過程中，知其所以然；另一種，可能是學校的動態、價值觀已經被世界淹沒，因此，不知所以然。

就像許多人對某些基督徒的看法：「他們雖然上教會，但和那些不信神的人也沒什麼差別，吃、喝、嫖、賭樣樣不缺。」

不要害怕做對的事！因爲懼怕會叫人怯步，懼怕往往削弱了前進的勇氣，甚至讓軟弱迷惑了心眼，做出連自己都無法原諒自己的判斷或決定。

「不要怕你將要遇到的苦難。看哪，魔鬼要考驗你們，把你們當中的一些人投進監獄」；我很喜歡耶穌寫給「士每拿教會」信中的一句話：「你要忠心至死，我就賜給你生命的華冠。」（啓示錄二10）

成為得勝的團隊

在山上，帶領的團隊叫作「就是愛」（JUST LOVE）團隊，珍惜的價值就是「團隊」，就是從「我」到「我們」的歷程；用最口語化來說，就是「一家人」的概念。

在這個團隊意向中，打破自我、更多接納、等待與包容，並且學習用純粹的愛，在別人的需要上，看見自己的責任。

我們的問候語：「今天愛了沒?」提升了團隊的動能理念，讓「我們」不只是一個靜止的團隊意向，更指向一個實踐性、有影響力的 **We are!**

這是一個堅持以愛爲核心意念，追求卓越，邁向得勝的團隊。眞正的得勝，必須願意在世俗中分別出來；並在實踐的過程中，擁有持續改善的能力，接受調整卻堅守品質，不輕易妥協。

撒但是謊言之父，牠最大的伎倆就是欺騙。

牠會告訴你：現在的孩子那麼難教，家長意見又那麼多，公務員嘛，多做多錯、少做少錯、不如不做，凡事得過且過，保平安最重要；更何況現在少子化嚴重，要順著家長的需要辦學，多花些時間行銷、廣告，就算不是眞的很好，總是多說些家長喜歡聽的話就好了。

難怪耶穌在寫給「別迦摩教會」的信上說：「我要責備你！…你當悔改！」（啓示錄二14、16）所要責備的，也是當初教會中的基督徒，爲了害怕自己跟不上世界的潮流，而逐漸降低行爲標準，對於應該持守的信念與眞理，每況愈下。

我又進一步在「領導者承擔平庸結果」與「追求卓越的創新思維」中思考。教育是良心的事業，要成爲一個得勝的團隊，有些標準就是不能降低，有些理念就是要堅持——如果你要成爲領頭羊的話！

耶穌應許祂要賜給得勝的團隊「隱藏的嗎哪」和「一塊白石」。

「嗎哪」是神從天上降下的食物，象徵預備了所需用的一切，不用勞心費力，祂要眷顧你，讓你得滿足。

帶領全校每一個孩子參加直笛大賽那一回，每一天都在禱告中尋求神；而神也按著需要，充充足足的供應，超過我們所求所想。

小到爲孩子禱告，求鞋子，神就領人來贈送全校每個孩子一雙新鞋；求彩排，神安排學區的一所高中辦理音樂會，可以在賽前滿足我們的需要；求激勵，神就帶領了一位唐寶寶街頭陶笛音樂家，適時的出現，帶給師生在訓練的疲累及瓶頸中，最大的活水……。

數算不完神的恩典，總在最適當的時間、以最不可思議的方式、透過令人瞠目結舌的安排，讓你知道這是神的手所做的。正如祂豐盛的應許，要賜給「得勝者」屬天的嗎哪。

至於那得勝的人，我要賜下那隱藏著的嗎哪。我也要給他一塊白

石頭，上面寫著新的名字；這名字，除了接受的人，別人都不認得。（啓示錄二17）

我相信！如果在這個混亂的世代中，堅守公義、公平、慈愛、誠實，我們也可以獲得神賜給我們白石，是一種勝過黑暗的象徵，也是一種平安喜樂的確據。「新的名字」則是神所喜悅的，不以地上的眼光，我們的名字已記錄在天上，得著永遠的獎賞。

排除壞的影響力

上帝對於行在眞理，持守好的行爲、充滿愛心、信心，並且勤勞的在自己的崗位中、用耐心面對繁瑣挑戰的人，甚至「現在所做的比先前還要多」（啓示錄二19）的人，給的獎賞是大的。

不用擔心努力白費，因爲神是全能的神、創造的神，「耶和華是鑒察人心、試驗人肺腑的，要照各人所行的和他做事的結果報應他。」（耶利米書十七10）

我們所做的，祂知道！

但是，創業維艱、守成不易；要做的比先前還要多，並不容易。光要持守已經擁有的，就已經是一大挑戰！

外部的「公共關係」和內部的「絆腳石」，顯然是校長領導的兩大挑戰。

對外，校長面對家長的不同意見、面對家長會的各種建議、面對民代的關心、廠商的請託、各種平行團體的邀約、上級單位的督導、訪視、評鑑……這些關係動則得咎，甚至直接影響挹注的經費、辦學的良窳、校長的口碑。

這樣的社會壓力，促使許多的校長時常趕場應酬做秀，除了餐會上必須個性海派、喝酒海量、能言善道，才能人脈通達，達到募款、衝績效的目的。甚至還有人續攤參加一些不合神心意的玩樂，一方面為了要滿足公共關係；另方面，恐怕已經出賣自己的理想、道德、靈魂而不自知！

但似乎，許多校長認為這是宿命，錯綜複雜的壓力，逼得自己不得不參與一些本不該參與的事情。

對內，因著「主任」的調動受制度的影響，變成一攤無法流動的死水，許多初任的年輕校長在參加甄試時，最常被問到的問題就是：

「如果未來服務的學校，遇到年紀比你大許多、是學校的資深主任、又處處與你格格不入，該如何領導？」

可見這是教育實務現場最常遇見的問題，學校屬於鬆散的官僚體制，校長不比企業界的老闆，要強勢領導並不容易。

如果剛好遇到資深、有影響力的主任，但卻又鼓勵老師得過且過，甚至帶動一些錯謬的思想、消極的作爲、黑色的批判，必然成爲校長推動校務的絆腳石。

這顆絆腳石，有時候也可能是校內一位有影響力的「資深教師」。

這是許多校長的另一個痛，來自內部的關係。

耶穌對推雅推喇教會有一段很強烈的提醒：「然而，有一件事我要責備你，就是你容讓那自稱是先知的婦人耶洗別教導我的僕人，引誘他們行姦淫，吃祭偶像之物。」（啓示錄二20）這對教會而言是多麼大的衝突，也帶來內部關係極大的殺傷力。

在團隊中，有人跟隨耶洗別自成一黨，也有一些人堅持在眞道的教導中持守不變，「至於你們推雅推喇其餘的人，就是一切不從那教訓、不曉得他們素常所說撒但深奧之理的人，我告訴你們，我不將別

的擔子放在你們身上。」（啓示錄二24）這是來自神的應許與肯定，持守的人有福了。

耶穌在寫給「推雅推喇教會」的信中，有一段話帶給我很大的激勵與啓示：

> 但你們已經有的，總要持守，直等到我來。那得勝又遵守我命令到底的，我要賜給他權柄制伏列國；他必用鐵杖轄管他們，將他們如同窯户的瓦器打得粉碎，像我從我父領受的權柄一樣。我又要把晨星賜給他。（啓示錄二24－28）

耶穌提醒我，有「自制力」的人才能成爲眞正的領導者。「黑夜已深，白晝將近」，這是一個黑暗的世代，必須不計一切代價守住理想、眞理與熱情，神必然賜下屬天的「權柄、能力與榮耀」！

「我又要把晨星賜給他」，這是一個多麼美好的禮物。

在「資深掌權者的扞格」與「建立愛與合一的團隊」的心靈對話中，似乎看到那些不符合品管的窯器，已被神的鐵杖打碎。

要有前瞻的思維

我也把自己那顆「少年得志的驕傲」拿到品管台上，接受檢驗；如果這對學校經營是不利的因素，就該毫不猶豫的擊碎。

「絆腳石」也往往來自內在的驕傲，覺得沒有人可以比得上自己，不放心授權給部屬，甚至怕自己的地位被取代，而刻意忽略或攔阻培養領袖的機會，自我陶醉在一種「唯我獨尊」的假象裡，只允許「近親繁殖」，卻聽不見修正的意見或基層的聲音。事必躬親的結果，學校成爲另一種穩定的平庸，註定無法突破現況、邁向卓越！

正如一位自誇有三十年教學經驗的老教授，卻不願面對可能是「一個經驗用了三十年」的迷思般；某種程度來說，這種領導的固著性，也會將學校陷在一種虛浮的「得志」的光景中，消滅了「前瞻的思維」。

有些學校位在很好的學區，家長的資源，源源不絕；甚至有許多優秀的傑出校友——民意代表、醫師、律師、企業家……不需要大費周章，家長就爭先恐後把學生送進來，因爲口耳相傳（雖然許多家長並不確定傳的是什麼？）學校還常常得實施「總量管制」。

在這裡服務的老師充滿自信，校長也因爲豐富的資源得享成就感。

這是另一種典型的憂患。

耶穌寫給「撒狄教會」中的一段話，像在描寫一個童話故事，很有畫面又發人深省，「……若不警醒，我必臨到你那裡，如同賊一樣。我幾時臨到，你也決不能知道。」意思是說，如果自以爲高枕無憂，不思長進，往往不堪一擊！

「滿足於現狀」最容易伴隨而來的就是「放縱享受」，享受在一種休閒、富足、沒壓力的狀態中，好像每個人都進入一種「待退」的狀態。

在這裡，學校的活動看起來很頻繁、很熱鬧、也很忙碌；因著社會資源挹注的多，受長官肯定託付也不少，各種交辦活動應接不暇；內行看門道，以教育的內涵和規準來檢視，卻往往令人搖頭。

似乎忘記，教育的對象是「學生」，學校的標的是「這個學校的每一個孩子」！

難怪耶穌說：「我知道你的行爲，按名你是活的，其實是死的。」在撒狄教會的經驗中，也看見了某些學校表象的優勢下，背後所隱藏另一種無形卻嚴重的問題。

如果我們無法聚焦定睛在國民教育真正的目的和價值，學校雖然富足、熱鬧，卻也可能陷入如同「活的死人」的危機。

腦海又帶出一些畫面，在獲得師鐸獎表揚時，他們對我的恭維，彷彿在對我說：「你可以躺著幹了！」考上校長時還未滿四十歲，他們又說：「錢多事少離家近，你可以待退囉！」

難怪內心那「少年得志的怠惰」與「內心火熱的動能」交織爭戰，彷彿愚昧與智慧的爭戰，也像慾望與聖靈的爭戰。

耶穌有一些祝福和提醒，只要願意時時回想過去，願意在每一刻保持「持續改善」的動力，時常謙卑自己，分享權力，尋求優質伙伴共創前瞻的教育思維，保持像「爐火般熱情」的人，神要賜給你一件潔白的新衣，祂會永遠記念你的名。

凡得勝的必這樣穿白衣，我也必不從生命冊上塗抹他的名；且要在我父面前，和我父眾使者面前，認他的名。（啓示錄三5）

不冷不熱的陷阱

有個廚師在經過很多年的磨練之後，好不容易終於獲聘爲某知名餐廳的主廚，但這家餐廳在他的領導下，連續幾年都只獲得國際評鑑四顆星的認證，主廚百思不得其解。

他帶領工作團隊，透過更精密的計算，精準掌控鹽巴、調味料的分量，甚至每道菜都經過計算，控制烹煮時間誤差到以秒計算，重量也絕對性的講究，但最後還是功虧一簣，始終無法成爲國際美食鑑賞家五顆星等級的肯定。

主廚終於忍不住詢問評審團，他的料理到底缺了什麼？其中一位評委說：「溫度！」一種被稱爲熱情、傻勁與使命感的元素。主廚恍然大悟，決定重新找尋這種最原始的溫度。

聖經中提到的「老底嘉教會」很有趣，有一條地底溫泉流過這個城市的下方，在非拉鐵非火山區溫泉的源頭，那兒有豐富而滾燙的溫泉湧出，流經老底嘉的下方直到大海，出海口的溫泉已經冷卻，唯獨流經老底嘉時，剛好不冷不熱。

因此，耶穌對老底嘉教會的信息，點出了他們的問題，也很值得學校的經營者省思。

我知道你的行爲，你也不冷也不熱；我巴不得你或冷或熱。你既如溫水，也不冷也不熱，所以我必從我口中把你吐出去。（啓示錄三15－16）

不冷不熱的某種意涵，其實也等同於「冷漠」。

我們也常用「煮蛙效應」來比喻青蛙的無知以及遲鈍，最後被煮熟失去生命而不自知。

愛的相反詞就是冷漠，冷漠能帶出關係最大的殺傷力，也往往是校長在帶領一個學校時最棘手的問題。神也厭惡這樣的景況，因此祂說：「我必從我口中把你吐出去。」

有些人的冷漠是來自傷害，有些則來自自以爲是的富足。眞正的乞丐是那些自以爲是、自以爲義、自以爲重視孩子的受教權，卻窮得只剩下維持自己的自尊，高傲的那等人！

因此耶穌在信裡接著說：

你說：我是富足，已經發了財，一樣都不缺；卻不知道你是那困苦、可憐、貧窮、瞎眼、赤身的。我勸你向我買火煉的金子，叫你富足；又買白衣穿上，叫你赤身的羞恥不露出來；又買眼藥擦你的眼睛，使你能看見。（啓示錄三17－18）

自以爲是、自以爲義，也是認識耶穌之前，自己最大的盲點。就像是鍋子裡的青蛙，往往感覺不到別人的需要或環境的變化，也是一種靈裡的愚昧，天父不斷的對著我們的心敲門，目的是希望我們昏睡的靈魂甦醒。

上帝是大牧者，我們則像是祂牧養的小羊，祂使我們躺臥在青草地上，領我們到可安歇的水邊；祂使我們的靈魂甦醒，因祂的名引導我們走在合神心意的路上。

在學校領導時，校長也被稱爲一個學校的「大家長」，就是學校中父親的角色，我們對學校教職員工也負有教導的責任。應當用溫柔與堅定的愛，不斷的敲彼此的心門，讓愛不住的流動，每天都有全新的、火熱的盼望。

凡我所疼愛的，我就責備管教他；所以你要發熱心，也要悔改。看哪，我站在門外叩門，若有聽見我聲音就開門的，我要進到他那裡去，我與他，他與我一同坐席。（啓示錄三19－20）

身爲校長，一個學校的掌權領導者，卻更不容易聽見眞理的聲音，如果我們也走向不冷不熱的愚昧，如果校長就是那隻青蛙，如果天父也對你的心敲敲門，說：「請爲我開門，讓我與你一同坐席！」

你願意打開心門接受上帝，給自己「靈魂甦醒」一個機會嗎？

不小看自己，要作鹽作光

非拉鐵非來自兩個希臘字，意思是「兄弟之愛」。這個城市座落在火山源，有人將這個地區稱爲「燃燒的土地」。很有趣的是，這座城市時常因爲火山爆發被弄得滿目瘡痍，卻因爲火山熔岩瓦解粉碎後的土壤特別肥沃，適合栽種葡萄，成了居民的高經濟作物。

這裡的教會很小，感覺上影響力也很小，但卻有著大信心，團隊的成員，個個有忠心，能同心合一的服事。

每當火山爆發爲這個城市帶來災情時，教會的弟兄姊妹總是第一個站到現場去搶救、幫助那些需要幫助的居民，是一個充滿愛、信心、盼望與火熱服事的教會。

讀這個教會的歷史，以及神對教會的稱讚與肯定，很激勵我的心，特別是在偏遠山區小學服務的我們而言。

耶穌給非拉鐵非教會的信，裡頭充滿肯定，也有許多對未來的勸勉，但幾乎是啓示錄寫給眾教會的七封信之中，比較沒有明顯責備的一封信，我很喜歡這封信帶來的訊息，神讓我們在這個世代中擁有「小確幸」，這是一種確定的幸福感。

這是一個不容易的世代，甚至可以說是一個黑暗的世代，就像非拉鐵非教會位於亞細亞通往東方門戶的樞紐，是各類信仰的集散地，多神、假神帶出的宗教產業非常多，也帶出了謊言與黑暗的勢力。

這也是一個追求虛假（名、權、利）、縱情縱慾的世代！神卻單單揀選這樣一個持守眞實、聖潔的小教會，讓他們屹立不搖。

你要寫信給非拉鐵非教會的使者，說：「那聖潔、眞實、拿著大衛的鑰匙、開了就沒有人能關、關了就沒有人能開的，說：我知道你的行為，你略有一點力量，也曾遵守我的道，沒有棄絕我的名。看哪，我在你面前給你一個敞開的門，是無人能關的。

那撒但一會的，自稱是猶太人，其實不是猶太人，乃是說謊話的，我要使他們來，在你腳前下拜，也使他們知道我是已經愛你了。你既遵守我忍耐的道，我必在普天下人受試煉的時候，保守你免去你的試煉。

我必快來，你要持守你所有的，免得人奪去你的冠冕。得勝的，我要叫他在我神殿中作柱子，他也必不再從那裡出去。我又要將我神的名和我神城的名（這城就是從天上、從我神那裡降下來的新耶路撒冷），並我的新名，都寫在他上面。

聖靈向眾教會所說的話，凡有耳的，就應當聽！」（啟示錄三7－13）

每次讀這段神的話語，內心就非常的振奮！因為神應許要給我們一個敞開的門，這門是無人能關的。並且，只要持守對教育那份愛的初心，就算小小的學校，也能在歷史上留下一個不容抹滅的足跡。

這道無人能關的門，是通往「天堂學校」的門，是神對我們最大的祝福。而打開這道門的鑰匙，就在神所啓示的這七封信中。

這是天國的密碼，卻因著上帝對我們滿滿的愛，毫不猶豫地降下啓示性的話語，好讓我們在經營「愛的家庭」、「愛的學校」、「愛的城市」、「愛的國家」、「愛的世界」時，能有足夠的智慧與具體的作法，帶出合神心意的家園。

神的帳幕在人間，哪裡有愛，那裡就是天堂。因爲「神就是愛；住在愛裡面的，就是住在神裡面，神也住在他裡面。」（約翰一書四16）

一日清晨靈修時，聖靈對我說話，啓示了一段經文：

你們是世上的鹽。鹽若失了味，怎能叫它再鹹呢？以後無用，不過丟在外面，被人踐踏了。你們是世上的光。城造在山上是不能隱藏的。人點燈，不放在斗底下，是放在燈臺上，就照亮一家的人。你們的光也當這樣照在人前，叫他們看見你們的好行爲，便將榮耀歸給你們在天上的父。（馬太福音五13－16）

期許自己在黑夜中成爲亮光，在腐敗的世代裡作鹽，雖然這樣的選擇勢必帶來爭戰，但神就是愛！靠著耶穌的愛，我們可以勇敢地為下一代帶來幸福。

在手札上寫下：「一個基督徒校長的心願：讓神的愛從山城的偏鄉發出亮光，照亮台灣的整片夜空！」

打開了天堂學校的密碼，我決定，邀請耶穌來辦學！

第二部曲

邀請耶穌來辦學

第5章 耶穌是誰？

邀請耶穌來辦學，對我來說，是將行政領導的哲學觀從「雙重心領導」移到「僕人領導」的歷程。因爲僕人是耶穌在聖經中的形像之一，大家所熟知的，是耶穌爲祂的門徒洗腳的故事。

教育的對象是「人」，而人是上帝所創造的，因此觸動了我的想法：如果設立學校的目的，是爲了把「人」教好；那麼，邀請創造者來辦學，應該萬無一失！耶穌就是最棒的老師、最棒的校長，不是嗎？

一開始，對上帝、耶穌、聖靈這些名詞的關係不太懂，隨著自己生命的實際經歷，以及反覆的查經，透過更多神學領域的探究，終於慢慢能理解，並且對「祂們的關係」堅信不移！

簡單來說，耶穌是上帝的獨生兒子。

曾經，一個低年級小朋友問我一個腦筋急轉彎，「大象的兒子叫

作……？」應該是小象，小象一定也是象；獅子的兒子是獅子、無尾熊的兒子是無尾熊，那麼神的兒子是神，DNA沒問題；上帝是創造天地萬物的神，耶穌是上帝的兒子，耶穌就是神！

唯有基督在我們還作罪人的時候為我們死，神的愛就在此向我們顯明了。（羅馬書五8）

聖經上說得很清楚，耶穌基督是為擔當人類的罪而死，一開始覺得很好奇，耶穌既然是神，為什麼要死？為什麼會死？又為什麼必須死，才能救贖人的罪？這些問號時時在腦海中盤旋……。

耶穌死後，上帝差派聖靈保惠師，作我們隨時的保護，成為我們生命的老師，聖靈也是上帝自己；聖靈的奧祕，是一種恩惠，一開始完全不能接受這些邏輯，也完全不懂！

直到有一次，在極大的困境中呼求耶穌救我時，聖靈大大的充滿，並賜下方言，使我能一窺屬天的奧祕，這眞是神莫大的恩典與祝福。

若不是被聖靈感動的，也沒有能說耶穌是主的。（哥林多前書十二3）

最少，可以先用水的三態來理解「上帝、耶穌、聖靈」的關係，以使我們對「耶穌是誰？」有初步的認識，並可以繼續往下分享，不致於因爲人類有限的智慧，攔阻了繼續往下探討的可能。

不管是固態的「冰」、液態的「水」、氣態的「蒸汽」，毫無疑問都是H_2O，它們指向的是同一個「唯一」；只是在不同的時候、不同的情況、不同的需要，以不同的狀態出現，正如「上帝、耶穌、聖靈」所指的都是「唯一的神」自己！

耶穌為什麼要死？

一開始，我也不明白耶穌爲什麼要死在十字架上?心裡想：「神爲什麼不能白白地赦免我們?耶穌爲什麼必須死？」直到我的生命因爲耶穌的死，能夠大大的翻轉，才深刻的體會到，神不能白白赦免我們，因爲祂是宇宙公義的審判者，而我們是破壞了祂律法的人。

神說：「犯罪的，他必死亡。」（以西結書十八20）

爲了救我們，神面臨一個屬於創造者最矛盾的問題。

公義與慈愛的神創造了人，彰顯其最大的愛，就是給人自由意志，以至於能成爲有靈的活人；但人卻選擇犯罪，與神的愛隔離，走向死亡；神卻又何等愛每一個人，想要救我們；但祂又不能做不義之事，該怎麼辦呢？

這讓我想起羅馬王代替母親受刑罰的歷史故事。

有一個賢良公義的國王，賞罰分明，頒布了一部神聖的律法。不巧，國王的母親犯了其中一條律例，必須鞭刑四十下，國王非常愛他的母親，不忍母親因犯罪受刑受苦，因此在審判母親後，國王摘下自己頭上的冠冕，趴在母親的身上，以身做替，接受了鞭刑。

> 他誠然擔當我們的憂患，背負我們的痛苦；我們卻以爲他受責罰，被神擊打苦待了。哪知他爲我們的過犯受害，爲我們的罪孽壓傷。因他受的刑罰，我們得平安；因他受的鞭傷，我們得醫治。我們都如羊走迷；各人偏行己路；耶和華使我們眾人的罪孽都歸在他身上。（以賽亞書五三4－6）

上帝是完全的神，道成肉身成爲完全的人——耶穌，以至於能體會人的感受；我們所承擔的每一種心情，祂都知道！耶穌流血成爲代罪羔羊，戰勝死亡權勢，讓我們藉著祂的血、藉著祂的復活，可以回到祂的身邊。

耶穌的死與復活，將哀哭變爲跳舞、咒詛變爲祝福，以喜樂代替憂傷，「十字架，十字架，永是我的榮耀；我眾罪都洗清潔，唯靠耶穌寶血。」十字架成爲祝福的記號，是回天堂的橋梁，也是唯一的路。

罪，對生命帶來的影響！

罪是世人的核心問題！但一般而言，誰都不願意接受或承認「**我是個罪人！**」這樣的說法。

聖經上說：「因爲世人都犯了罪，虧缺了神的榮耀。」（羅馬書三23）是因爲造物主與人對罪的觀點和認知不同。

通常認爲，犯了人類自創的法律，接受人類組成的法庭（法官）

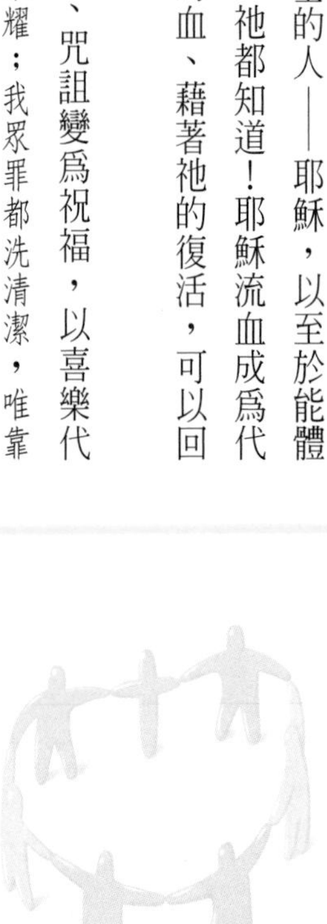

宣判後，如果有罪判刑定讞，才叫作罪。有時靠關係、靠誤判、靠運氣，罪的定位會轉彎，罪不罪？只有自己知道。

但神說：「凡恨他弟兄的，就是殺人的。」（約翰一書三15）恨一個人就算是犯殺人的罪了，又說：「只是我告訴你們，凡看見婦女就動淫念的，這人心裡已經與她犯姦淫了。」（馬太福音五28）這節經文淺顯易懂，但套用在這個世代當中，有幾個人聽得下去？

就算知道了，我們也不願意承認自己是個罪人；就算知道了、承認了，仍行在罪中，無法自拔！

信主前的我，毫無疑問的，絕對是個不值得饒恕的罪人！愛美、愛贏、愛自己；重情、重義、重人生！

愛美！是一種求完美的病態，也是一種無形的驕傲，說穿了就是死要面子。許多時候，還用夢想、自我實現等術語來遮掩自己的內心；凡事只看白紙中的黑點，活得很辛苦，簡直好像瞎了眼似的！

愛贏！是一種任性，超級無敵任性，說穿了是一種自私與貪婪。想要的，不擇手段，只要不傷天害理，不怕苦不怕難，非得要到手，否則絕不罷休。不認輸，卻不承認，好像是鬼附的一般。

愛自己！是一種狂妄，凡事靠自己、愛自己、眼中只看到自己，把自己當成最大的偶像；相信人定勝天，也未曾失手，卻一路跌跌撞撞，好像瘸腿的！

重情重義！對朋友重感情，對家人卻行不出愛，甚至亂愛、錯愛，迷失在名、權、利的慾望中；追求掌聲與成就，縱情、縱慾、重興趣：自己的興趣、自己的朋友、自己的成就、自己的需要……。

人不瘋狂，枉少年？興趣（慾望）很多，看似很精采的人生。

其實，生命就是一齣「精采的鬧劇」！

再精采，不認識神，不認識眞理，終究是鬧劇一場。人生的舞台，當幕落了，卸了臉上的妝，人在哪裡？身體死了，靈魂去哪裡？

主耶和華曾如此說：「你們得救在乎歸回安息；你們得力在乎平靜安穩；你們竟自不肯。」（以賽亞書三十15）

罪讓我的靈魂墮落！曾經望著浩瀚的鴻溝，感覺與神的愛隔絕，甚至想要自殺，選擇逃避生命，罪的轄制讓我自食惡果，身心靈失去平衡，好重好重、好累好累！

行在罪中，罪會產生毒水毒害自己，「因爲從裡面，就是從人心裡發出惡念、苟合、偷盜、凶殺、姦淫、貪婪、邪惡、詭詐、淫蕩、嫉妒、謗讟、驕傲、狂妄；這一切的惡都是從裡面出來，且能污

穢人。」（馬可福音七21～23）我曾經陷入嚴重的憂鬱症，乃是罪的毒害。

罪的權勢也會佔據壓制靈魂，成爲暗昧行爲的奴隸，失去自由。耶穌曾說：「我實實在在地告訴你們，所有犯罪的，就是罪的奴僕。」（約翰福音八34）

背著黑暗的重擔，直到承受不起了，撒但的謊言臨到，會有一個聲音說，去死吧！這是罪的刑罰，「因爲罪的工價乃是死。」（羅馬書六23）

很多關係在罪中死了！越愛的受傷越重，離眞平安、眞愛越來越遠，罪讓人的靈與愛隔絕，「但你們的罪孽使你們與神隔絕；你們的罪惡使他掩面不聽你們。」（以賽亞書五九2）

自殺、憂鬱症、催眠師、國小校長、乩童之子、名嘴、發片歌手、作家、詞曲創作人、母親上吊、師鐸獎、優秀青年、聖靈充滿……，這些名詞組合成一個我，以及耶穌爲我而死的生命故事。耶穌死而復活。

一個有趣的問題，卻値得思考：一大鍋清涼美味的綠豆湯，掉進一隻蟑螂，該怎麼辦？也許可以整鍋倒掉，重新煮過；但是，「罪」

掉進我們的生命中，又該如何是好呢？

一個人爲你做了什麼，你才會相信他眞的愛你？母親生孩子，忍受產痛流血之苦，是因爲愛。耶穌在十字架上忍受鞭傷、刑罰、羞辱、背叛、孤單、痛苦、流血……，更是因爲永恆不變的愛！

時常在禱告時，想到耶穌爲我受苦而死，就淚流滿面，不想也不敢再讓耶穌釘一次十字架！

他被掛在木頭上，親身擔當了我們的罪，使我們既然在罪上死，就得以在義上活；因他受的鞭傷，你們便得了醫治。（彼得前書二24）

耶穌爲我而死、耶穌爲你而死、耶穌爲我們而死！祂是我們生命的「救主」，以身作替，擔當我們的罪，帶來交換，換成新的心、新的靈、新的生命。

在茫茫人海中，爲了解決困境、爲了理解靈性的答案，於是找尋各種信仰、宗教的依靠。

曾投入大筆的金錢，參加禪修課程、潛能開發；也曾鑽研心經、研讀大法輪；更進入潛意識的領域，成爲一位領有證照的催眠師；加上從小在道教的神壇家庭長大，父親就是乩童；困境來臨，卻沒有一個人幫得了，越是追求、越是空虛；越是尋找、越是茫然。

金錢換不到身體的健康，買不回青春的歲月，當然靠著花錢消災解厄，或者行善布施、放生做功德可以修行上天堂這種說法，無法打動我；因爲如果此事爲眞，那麼窮苦人家不就註定只能下地獄？

茫茫大海，找不到浮木。正當沉沒滅頂那一刻，需要的不是教我們學會游泳的「教主」，而是需要一位願意捨身捨命，跳到大海中拉我們一把的「救主」。

耶穌就是彌撒亞，救世主。

是我犯了罪，虧缺了神的榮耀，「如今卻蒙神的恩典，因基督耶穌的救贖，就白白地稱義。」（羅馬書三24）耶穌的死是神的愛與恩典，讓我在審判的法庭上無罪釋放，得以稱義。並且因著死後復活，打垮罪的權勢、拆毀罪的阻隔，不僅重價贖回了我們，也恢復了我們與神的關係。「這樣，你們不再作外人和客旅，是與聖徒同國，是神家裡的人了。」（以弗所書二19）

「神設立耶穌作挽回祭，是憑著耶穌的血……。」（羅馬書三25）耶穌在十字架上流寶血，成爲代罪的羔羊，除去罪的毒害，也流血洗淨了我們的身心靈，「藉著人的信，要顯明神的義」（羅馬書三25），得以坦然無懼的進入聖殿，來到神的施恩寶座前，稱爲神的寶貴兒女，「因爲他用忍耐的心，寬容人先時所犯的罪，好在今時顯明他的義，使人知道他自己爲義，也稱信耶穌的人爲義。」（羅馬書三25－26）

我曾經像一隻掉進流沙（罪）的猴子，靠著自己掙脫不了！越掙脫、越往下沉……。「神愛世人！」祂知道我們所面對的困境，「甚至將他的獨生子賜給他們，叫一切信他的，不致滅亡，反得永生。」（約翰福音三16）

在一個呼求**耶穌救我！**的夜裡，聖靈大大充滿，賜下方言，親自醫治釋放我，從此我的生命不再一樣。身體輕鬆到想跳起來，心裡時時經歷「出人意外」的平安，靈魂甦醒，獲得永生的盼望。

主的靈在我身上，因爲他用膏膏我，叫我傳福音給貧窮的人；
差遣我報告：被擄的得釋放，瞎眼的得看見，叫那受壓制的得自由。
（以賽亞書六一1－3）

邀請耶穌來辦學，是因爲「我已經與基督同釘十字架，現在活著的不再是我，乃是基督在我裡面活著」（加拉太書二20a）。耶穌是我生命的主宰，在我心中坐著爲王。

耶穌擔當我們的罪而死，死後三天復活！這是上帝的美好計畫，更是基督信仰中最寶貴的意義，「並且我如今在肉身活著，是因信神的兒子而活；他是愛我，爲我捨己。」（加拉太書二20b）

耶穌死而復活，戰勝死亡權勢，讓我們對永生充滿盼望；而聖靈造訪了我的生命，更對我有深刻的教導，這些都不是在學校教育中，可以做到的。

我看見了人的智慧是有限的，用有限的智慧所發展出的教育活動，雖然絕對有其必要性，但也有其有限性。很遺憾的是，這樣的有限性，卻往往攔阻了我們敞開心門來接受聖靈。

那麼，我們該如何來親近聖靈、認識耶穌呢？

如何親近耶穌

聖經告訴我們，神是個靈，必須用心靈和誠實來親近祂，「時候將到，如今就是了，那眞正拜父的，要用心靈和誠實拜他，因爲父要這樣的人拜他。神是個靈，所以拜他的必須用心靈和誠實拜他。」（約翰福音四23－24）因此，態度很重要，態度幾乎決定了我們跟神之間的距離。

曾有一個故事，某個歐洲小鎭很久沒有下雨了，牧師聚集會眾開一個祈求降雨的禱告會。在會堂現場，牧師激動地在台上指著一個小女孩說：「那位小妹妹讓我很感動！」因爲只有她帶著一把紅色小雨傘前來。現場很多人也因此感動，因爲大人們已不似小女孩一般，單單的相信上帝了。

信就是所望之事的實底，是未見之事的確據。（希伯來書十一1）

耶穌所喜悅最重要的態度，就是信心。

信心是整本聖經的磐石，必須先擁有像小女孩一般的「超然信心」，然後「聖潔專注」的仰望神，「謙卑順服」的聽從神，「渴慕主動」的尋求神，「完全獻上」自己在神的面前，神的靈就與我們同在。

我們可以學習大衛，像孩子一般的單純的愛神，勝過其他人的眼光。當上帝的約櫃進了大衛城的時候，大衛喜極忘我、不顧身分、旁若無人、專注在神、盡情盡性、獻上身體、手舞足蹈、回轉像小孩、回應天父的愛。

大衛穿著細麻布的以弗得，在耶和華面前極力跳舞。這樣，大衛和以色列的全家歡呼吹角，將耶和華的約櫃抬上來。（撒母耳記下六14－15）

每次讀到這一段聖經，我都忍不住要停下來，閉上眼睛去感受當時的場景，眞希望我也在當中，如果可以！我一定要隨著大衛一起跳舞，讚美神的奇妙和偉大。

忍不住跳起來，是因爲神帶領我在絕處逢生，就像帶領以色列人出埃及，不再成爲奴僕，越過生命像紅海一般的困境，前方大海茫茫，後有敵軍急追，我們生命常有這樣的困境，但神救贖了我們。

神使用摩西，分開了紅海，讓以色列人走乾地過海，並將埃及的追兵淹埋在海中，難怪一過紅海，眼看上帝賜下的神蹟和恩典，摩西的姊姊，女先知米利暗手裡拿著鼓，眾婦女也跟她出去拿鼓跳舞，「你們要歌頌耶和華，因他大大戰勝……。」（出埃及記十五21）

你能想像兩三百萬人一起唱歌、歡呼、讚美神的那一個榮耀時刻嗎？如果自己就站在米利暗的身旁，一回頭看到神如此的奇異恩典，我一定和得救的以色列人一樣，一邊流下感激的眼淚，一邊忘情的**舉手、拍掌、呼喊、揚聲歌頌、讚美神**！

「我歌頌你的時候，我的嘴唇和你所贖我的靈魂都必歡呼。」（詩篇七一23）當我們用詩章、頌詞、靈歌口唱心和，大聲唱出對神的渴慕時，靈魂就會隨著提升，到一個渾然忘我的境界；歌頌讚美神，神的靈就與我們親近、與我們同在，「你是聖潔的，是用以色列的讚美爲寶座的。」（詩篇廿二3）

舉手代表全身都降服於神，都要歸給神！「你們當向聖所舉手，稱頌耶和華！」（詩篇一三四2）「我還活的時候要這樣稱頌你；我

要奉你的名舉手」（詩篇六三4）也代表向仇敵誇勝，「摩西何時舉手，以色列人就得勝，何時垂手，亞瑪力人就得勝。」（出埃及記十七11）

呼喊的讚美是神賜給我們的武器，就像基甸的三百個勇士面對仇敵時，大喊「耶和華和基甸的刀」，於是大勝而回。約書亞帶領新一代的以色列人過約旦河，也是在呼喊聲中讓耶利哥城倒塌，勝過仇敵。

流浪曠野四十年，像極了不認識神之前的我，一具活著的枯骨。神應許要在曠野開道路、沙漠開江河，因著祂的愛與幫助，才有力氣越過我生命的約旦河，在呼喊中讓自己困境的營壘倒塌，進入神所賜那流奶與蜜的迦南美地，享受恩典的人生。

「你們當向神我們的力量大聲歡呼。」（詩篇八一1）「萬民哪，你們都要拍掌！要用誇勝的聲音向神呼喊！」（詩篇四七1）這眞是我心境的最美寫照，也是我親近耶穌最直接的方式。

不過，耶穌也喜歡我們安靜在祂的面前等候，感受一種靈裡親近的交通與融合。將心靈的焦點單單的放在耶穌的裡面，用一種專注的氣息來聆聽聖靈的聲音。

「主耶和華——以色列的聖者曾如此說：你們得救在乎歸回安息；你們得力在乎平靜安穩。」（以賽亞書三十15）歸回安息和平靜安穩的涵意相仿，就是悔改，轉個方向，不再走自己的道路，歇下自己的工，進入最深的依靠。

有一支來自西方國家的探險隊，它們想要深入非洲內部考察，請了當地的原住民作爲探險隊的嚮導及搬運行李的駄夫。由於時間非常緊迫，路程中需要不斷趕路；而這些原住民們也非常刻苦耐勞，背著十幾公斤的行李，依然健步如飛。

一連三天，這支探險隊　很順利的依原計畫進行，但到了第四天要出發繼續趕路時，原住民們卻休息不走了，不管探險隊員們如何勸說，原住民們就是不想上路。

探險隊員們心裡不禁納悶是否什麼地方得罪了他們？這時原住民的頭目說：「依照我們部落的傳統習俗，如果連續趕路六天，第七天一定要停下來休息一天，以免我們的靈魂跟不上我們的腳步。」

「你們要休息，要知道我是神！」（詩篇四六10）這是神的心意，耶穌也要我們等候祂，「要等候耶和華！當壯膽，堅固你的心！我再說，要等候耶和華！」（詩篇廿七14）

等候神，從外表看來沒什麼動靜，其實在我們靈裡進行著非常積極的活動，一直在尋求神、聆聽神，與神相交。「但那等候耶和華的必從新得力。他們必如鷹展翅上騰；他們奔跑卻不困倦，行走卻不疲乏。」（以賽亞書四十31）

讓我們來親近神吧！「你們親近神，神就必親近你們。」（雅各書四8）教育的工作是「教人」的事業，如果不認識創造「人」的神，以及祂的美好心意，該如何教出走在對的道路上、持守眞理、擁有得勝生命的下一代呢？

神願意透過心靈和誠實的禱告，讓我們可以遇見祂、經歷祂、榮耀祂，恢復與祂美好的關係，如果您願意，就是現在，請跟我一起禱告：

> 親愛的耶穌，我想要親近祢，認識祢！我願意打開心門，邀請祢進入我的內心深處，成為我靈的主，帶領我前方的路，謝謝祢！奉耶穌基督的名禱告，阿們。

如果你剛剛作了這個禱告，我要恭喜你！接下來的人生，只要不斷的透過禱告，神的恩典必更多臨到你的身上，生命從此不再一樣，你將開啓一個充滿力量與奇遇的大寶藏！

第6章 禱告，辦學的力量

禱告其實很簡單，就是對著天上的父說話，但這卻是耶穌最看重的事情，禱告是祂生活的一部分。禱告是一**把打開天國的鑰匙**，可以支取屬天的力量，是一種「神奇的力量」，也就是屬「神的奇妙力量」！

因此，禱告是一種力量，不管是辦學或是生活，都少不了它！

回想第一次禱告時，還不算眞正的認識主，沒到過教會，也還不知道聖經是什麼；只是因爲在走投無路的絕境中，低頭說：「**親愛的上帝，眞的有祢嗎？如果有，求祢接納我、幫助我，我快走不下去了……求祢救救我……。**」

然後，一道光進入我的靈裡，忽然覺得溫暖。

有人問我，什麼時候可以禱告、適合禱告？

我會說：隨時禱告（提摩太前書二8）、常常禱告（以弗所書

六18）、獨自禱告（馬可福音一35）、與別人一起禱告（馬太福音十八19）、定時禱告、謝飯禱告、時時爲別人禱告……。

信主後，最常問的一句話就是：「我可以爲你禱告嗎？」

關於禱告的態度，耶穌在聖經上有一段重要的教導：

你們禱告的時候，不可像那假冒爲善的人，愛站在會堂裡和十字路口上禱告，故意叫人看見。我實在告訴你們，他們已經得了他們的賞賜。你禱告的時候，要進你的內屋，關上門，禱告你在暗中的父；你父在暗中察看，必然報答你。你們禱告，不可像外邦人，用許多重複話，他們以爲話多了必蒙垂聽。你們不可效法他們；因爲你們沒有祈求以先，你們所需用的，你們的父早已知道了。（馬太福音六5－8）

可見禱告是一件私密、親密的事，是我們跟「阿爸父」之間的傾心吐意或釋放懇求，重點在於自己跟天父的關係，而不是一場演講或朗讀的表演，更與豐富的詞藻或技巧無關。

要用「心靈和誠實」，神喜悅這樣的禱告。

敬拜讚美的禱告

剛調到山上服務的時候，最需要適應的應該是上下班車程的改變，從原來走路五分鐘可以到學校，變成開車五十分鐘才可到上班地點，這是一個很大的轉換。

感謝主！本來不容易的事情，卻成爲神奇妙的恩典。

每天清晨及傍晚上下班的時間，成爲和神最甜蜜的約會時間。

喜歡在詩歌中敬拜讚美主，聖靈也每一天、每一天親自教導我，甚至向我啓示禱告的奧祕，也時時在敬拜禱告後，等候在神寶座前時，清楚聽見神說話的聲音，那回應的話語雖然微小，卻清晰到不需要辨別，就知道是神的聲音。

另有一位天使，拿著金香爐來，站在祭壇旁邊。有許多香賜給他，要和眾聖徒的祈禱一同獻在寶座前的金壇上。那香的煙和眾聖徒的祈禱從天使的手中一同升到神面前。天使拿著香爐，盛滿了壇上的火，倒在地上；隨有雷轟、大聲、閃電、地震。（啓示錄八3－5）

禱告如香，直升到神寶座前的奧祕，在於以寶貴（金）的耶穌為核心的敬拜，以及一種渴慕如火（爐）的讚美，所帶出的禱告的果效，可以震動天地！

每天早晨，車子一發動，禱告山張哈拿牧師《清晨新油》的敬拜讚美禱告就充滿在我的「內屋」。張牧師的禱告很有恩膏，也是我未曾謀面的恩師，我的火熱禱告生活，哈拿牧師的陪伴、啓動，佔了很重要的部分。

哈拿牧師的《清晨新油》共有十七張專輯，每一張專輯收錄約兩個小時的清晨敬拜，都是禱告山特會的現場錄音，充滿火熱、醫治、釋放、趕鬼、得勝的信息，每一張專輯都有兩張CD（上、下半場），每張CD大約五十分鐘左右。

這是神美好的安排，總在上山時，跟隨上半場的CD，大聲敬拜禱告。汽車音響的數字比一般欣賞音樂時十五、十六的音量刻度高很多，大概廿二至廿四之間，車內彷彿是台北小巨蛋的敬拜現場，像是雷轟、大聲、閃電、地震一般。

下班時，又跟著同一張專輯的下半場CD，為每一天神奇妙的恩典獻上感謝的禱告，也為世界、為台灣、為居住的城市、為教會、為許許多多的弟兄姊妹、爲放不下心的朋友、爲家人、也爲自己流淚禱告在神的面前，求神施恩憐憫，賜福在每個人的生命及家庭中。

通常，我會讓同一場敬拜陪伴我一個月的時間，大約過了一年半才把《清晨新油》跑了一輪，神讓我有機會學習耶穌，透過禱告與神建立關係，打開天上的祝福與供應，賜下充充足足的身心靈滿足，得著豐盛的生命，超過所求所想的。

一個帶著薄霧的清晨，車子離開家門後，靈裡有一種乾淨的感覺，隨著聖靈的帶領，當天沒有開啓音樂，車內一種超乎理解的聖潔降臨；我在出人意外的寧靜中傾心吐意的禱告，感覺到神的靈完全進入我的靈裡，是如此的親近、親密。

隨著深入的禱告，感覺到神的權柄的同在，聖靈引導我說：「你按手在心上，不用激烈的言詞，憑著單純的信心，奉我的名命令情慾的污鬼離開！我要釋放你。」

順服聖靈的帶領，奉耶穌的名，使用權柄爲自己趕鬼。

堅定溫和的語氣一宣告，肚子就開始攪動起來，趕緊將車停在路邊，吐了一大包……；再一次釋放禱告，又再一次狂吐……。連續兩三次，直到得勝喜樂的靈降臨。

這段期間，我的身體並沒有異樣，是很健康的狀態，但我並不疑惑、也不擔憂，知道神正在爲我進行深層的醫治釋放，並斷開各種轄制的魂結，使我的身心靈得以潔淨。

進入學校上班之後，整整說了一天的方言。

有時候，聖靈也在我軟弱的時候，成爲我的力量，並帶領我儆醒、禱告、爭戰、得勝，時常在禱告中搥打自己，求神憐憫，讓情慾與聖靈相爭時，能治死老我，成爲神聖潔合用的器皿。

在敬拜讚美的禱告中，時常委屈痛哭，無法停止，深層的壓抑釋放後，靈裡何等的清新、平安。

神是掌管歷史的神，可以回到任何魂結的時間點進行醫治。內在的壓力、重擔、傷痕，隨著時間的過去，或許可以暫時得到紓解與遺忘；但眞正能帶來醫治的是創造的神，不是時間。

沉且，我們的軟弱有聖靈幫助；我們本不曉得當怎樣禱告，只是聖靈親自用說不出來的歎息替我們禱告。鑒察人心的，曉得聖靈的意思，因爲聖靈照著神的旨意替聖徒祈求。（羅馬書八26－27）

繞城禱告

農曆年前幾天，到山城的學校履新就任。當時學校的整體氛圍，和美麗浪漫的校園格格不入，人與人之間被許多的不信任充斥，動不動就有人來校長室，要求校長主持公道，要求「對質」。

甚至連小朋友看到新校長，回應熱情問候的，竟然是冷漠、懷疑、排斥、甚至是充滿敵意的眼神。

看見人的面具背後，是曾經受傷的心靈；也唯恐再受傷，卻冷不防就來一個大爆發，苦毒的營壘在人心中，就像一顆顆的不定時炸彈，稍一不慎，就被炸得體無完膚！

「這座山城的美麗小學，怎麼了？」屈膝跪地禱告求問神。

神眞是奇妙的神。

每一年農曆過年主日，所委身的教會有一個抽「紅包經句」的小活動，當我抽出經句卡時，神透過祂的話語告訴我：

> 這律法書不可離開你的口，總要晝夜思想，好使你謹守遵行這書上所寫的一切話。如此，你的道路就可以亨通，凡事順利。我豈沒有

吩咐你嗎？（約書亞記一8－9）

神告訴我，晝夜思想神的話語，遵行書上所寫的一切話，道路就可以亨通、順利。往前讀上一節，神說：「只要剛強，大大壯膽，謹守遵行我僕人摩西所吩咐你的一切律法，不可偏離左右，使你無論往哪裡去，都可以順利。」（約書亞記一7）又往下讀一節，「你當剛強壯膽！不要懼怕，也不要驚惶；因爲你無論往哪裡去，耶和華──你的神必與你同在。」（約書亞記一9）

神賜給我的是一顆剛強壯膽的心，並吩咐我不要懼怕，祂必與我同在。於是，決定讓〈約書亞記〉成爲前進山城的第一卷智慧書，也是耶穌辦學的開端。

讀到第六章，約書亞帶領新一代的以色列民經過約旦河之後，堅固的耶利哥城聳立在面前，「關得嚴緊，無人出入。」（約書亞記六1）接著，生動的畫面和劇情，深深的吸引我的心靈。以色列攻陷城牆的方法，竟是順服神的指示，用一種看似最愚笨的方法──「繞城」──安靜、等候、讚美、呼喊！

每個人的生命中都有堅不可摧的困境，就像「耶利哥城」般的堅固營壘，而此刻我所面對的這座山城學校，就是我的難題，顯然神已經告訴我解決的方法。

耶和華曉諭約書亞說：「看哪，我已經把耶利哥和耶利哥的王，並大能的勇士，都交在你手中。你們的一切兵丁要圍繞這城，一日圍繞一次，六日都要這樣行。七個祭司要拿七個羊角走在約櫃前。到第七日，你們要繞城七次，祭司也要吹角。他們吹的角聲拖長，你們聽見角聲，眾百姓要大聲呼喊，城牆就必塌陷，各人都要往前直上。」（約書亞記六2－5）

心裡想，安靜的繞著學校的圍牆走七天，等候神的命令，聽到指示時吹角讚美神，接著大聲呼喊，仇敵的城牆就必塌陷！這等工作，對校長來說，又可巡視校園、又可擊垮黑暗的權勢、堅固的城牆，何樂而不為？

只不過，隨著七天過去了，神並沒有進一步的指示！

不管颱風下雨，這個城一繞，繞了將近兩年。

神啓示我，就禱告吧！

每天在車上敬拜讚美神之後，一下車，就利用十五至二十分鐘的時間，沿著學校的圍牆繞一圈迫切禱告，宣告神的國度降臨，宣告神復興的靈火要點燃人心，聖靈的風要吹遍整座山城，榮耀君王耶穌要在這個學校掌權。

在繞城禱告的兩年期間，聖靈親自帶領我操練方言或悟性的禱告，經歷主題式的禱告、漣漪式的禱告、感謝讚美的禱告、5－BLESS的禱告：Body（身體）、Labor/Learning（工作學習）、Emotion（情感、意志、心思）、Sociality（人際關係）、Spirit（靈命、與神的關係）、主禱文的禱告、會幕式的禱告……等等，並透過祂的奇妙彰顯，讓我經歷屬天的大能。

一年半之後的深秋舉行校慶活動，全校師生在舞台上高唱LOVE SONG，牽著幼兒園小朋友的手歡喜跳舞，並用直笛百人齊奏「聖誕鈴聲、平安夜、我們這一家」。在台上，拿著麥克風宣告，屬天的愛、平安與喜樂降臨在每個人的心裡、家裡；這一年，校慶的主題曲是：**相信有愛，就有奇蹟！**

謝謝耶穌！祢是最棒的老師。

禁食禱告

天父垂聽每一個單純的禱告，總是毫不吝嗇的將最好的賜給我們，好讓我們有足夠的能力，去享受並面對生命中大大小小的挑戰。

> 你們祈求，就給你們；尋找，就尋見；叩門，就給你們開門。因爲凡祈求的，就得著；尋找的，就尋見；叩門的，就給他開門。你們中間誰有兒子求餅，反給他石頭呢？求魚，反給他蛇呢？你們雖然不好，尚且知道拿好東西給兒女，何況你們在天上的父，豈不更把好東西給求他的人嗎？（馬太福音七7－11）

耶穌是最棒的老師，對於某些頑皮的孩子，也教導他們「延後滿足的能力」。就像有一本教育的書說，「別急著吃棉花糖！」根據調查，自制力是成爲一位領袖很重要的能力。

延緩滿足，以便教導我們更多事情。

有時候，神會說：「好，按著你的信心給你了吧！」有時候「不行，這對你不好！」或者「再等等……現在還不是時候……。」因爲

神使萬事互相效力要叫愛神的得益處，通常會在最棒的時機，「把更好的給你」！

如果生命中有罪不肯承認、不願意饒恕人、悖逆硬心或者動機不對，甚至誤解神的旨意時，通常此時的禱告，神就不應允，因爲我們的心思意念不蒙神的喜悅，「義人祈禱所發的力量，是大有功效的。」（雅各書五16）

刻苦己心、禁食禱告，可以擊碎禱告不蒙神應允的困境。

剛開始對聖經不甚理解時，聖經裡面的先知或國王，在遭遇生命的極大困境時撕裂衣服、滿頭灰塵（坐在灰中）、穿上麻衣、禁食禱告，留給我的印象最深。

後來稍稍理解了，仍然對於約拿書中，尼尼微城的國王、大臣、所有的百姓，甚至牲畜都披上麻布禁食禱告，痛悔降服於神，感到震撼、不可思議！

生命的好幾次關鍵的困境，都是靠禁食禱告扭轉的！

第一次禁食禱告是被強迫的，那是憂鬱症最嚴重時。想一個人！想離婚！想逃離這個世界！一心想死！

老婆說：「你死了，女兒結婚時，誰牽她的手進教堂？」

於是女兒跪在我的身旁，用眼淚求我到教會，她說從未如此求過我。是女兒的眼淚融化了我的心。第一次禁食禱告三天，住教會，牧師陪伴進行了將近十場的醫治、釋放禱告。

第二次禁食禱告是被拜託的。那時身心靈剝離嚴重，不見改善，像浪子一般到處流浪。姐姐拜託我，給她一次機會，也給神一次機會，……又住進教會，禁食禱告三天。

那時，我已稍爲理解，這是向神表明一種身心靈「完全謙卑、情詞迫切」的禱告態度。

如果只是禁食，卻少了大量讀經、迫切禱告的尋求親近神，那麼禁食的意義就大打折扣，甚至落入一般所謂斷食療法，甚至是一種精神上的自我虐待，或是減重之類的時尚話題。

後來曾經爲女兒在急難中流淚禁食禱告七天，求神成爲患難時的幫助。這一次的禁食，流淚的禱告換得了女兒柔軟的心，神帶領她住進教會，透過三天禁食禱告破繭而出。

全家人陪著她禁食，我也在第三天颱風強襲、風雨交加的清晨，跪在教會二樓玻璃窗前禱告。第一次清楚聽到神對我說話的聲音，感覺到自己的心跟神如此靠近，淚流滿面。

兒子、女兒也在這一次的禁食禱告後，受洗歸主。

生命中最深刻的一次禁食，是只喝清水的七天禁食禱告，也是這一次的禱告後，神呼召我成爲祂的門徒。神也應許我，讓我成爲光明之子，並用醫治禱告的恩膏膏抹我。

這完整七天的禁食禱告，對我的生命很重要。

左臂長達好幾年的神經痛，在禁食前一直是痛到需靠吃藥復健才能緩解。從禁食後，手就奇蹟似的完全得醫治，禁食禱告期間一點點痛麻的感覺都沒有！直到如今未曾再痛過。是神蹟，感謝主！

這是第一次經歷到「聖經的字從紙面上浮出來」的見證，重要的是，這些話語剛好是困頓的心中尋求的答案。

隨著七天大量的讀經禱告，越到最後，身心靈得飽足，感覺越來越好！甚至，接著的兩個月，每天渴望讀經，時常四、五點起床，兩個月，聖靈帶領將神的話語，從創世記到啓示錄，六十六卷書用六十六天的時間，完整而仔細的放在我的腦海裡。

透過禁食禱告，爭戰老我、治死老我，讓身體孱弱、心靈提升，重新謙卑的到神的面前，尋求或恢復與神更親近的關係，神必應許所求的事情。與神的關係更緊密了、更愛神了，神就按照心中的大力，充充足足的成就一切，超過我們所求所想的。

我所揀選的禁食不是要鬆開凶惡的繩，解下軛上的索，使被欺壓的得自由，折斷一切的軛嗎？（以賽亞書五八6）

透過禁食禱告，可以自由親近敬拜神！

因著自己親身的經歷，每次教會發動連鎖禁食禱告時，都把握機會帶領新朋友，更多親近神；也曾帶領家人「渡假」，安排的是三天禁食、讀經禱告；或者，在服事中，鼓勵受污鬼壓制、需醫治的靈魂，藉著禁食禱告，來鬆開肩上沉重的軛。

閣樓禱告

在耶穌的身上，看到了很好的禱告的榜樣，因此在領導一所學校的過程中，也時時提醒自己，讓禱告成爲生活的一部分。

記得剛到山城的半年多，因著一位老師和主任之間出現激烈的情緒表達，引發部分家長、教師、行政團隊之間，陷入許許多多的拉扯、震盪、磨合；擴大成爲投訴、抗爭，甚至失去理性的爭辯。身爲學校的校長，是領導者，也是安慰者；是權柄者，也是砲火的靶心。

那段時間，上班很不快樂，幾乎喘不過氣來！錯綜複雜的狀況，每天都有沉重的面對與承擔。

這是決志信主後最大的患難，我卻深刻的感覺到神的恩典；神先讓我認識祂，學會緊緊依靠祂，然後，再把難題丟給我學習面對。

在一個清晨的禱告中，神引導我思想了一段經文：「智慧人必發光如同天上的光；那使多人歸義的，必發光如星，直到永永遠遠。」（但以理書十二3）當時，並不完全理解經文與面對的窘境有何關聯，但隨著翻開了〈但以理書〉，耳邊忽然出現一個清晰的聲音：**孩子，讓但以理陪你度過難關吧！**

看到巴比倫王尼布甲尼撒在眾人中，選出了但以理和他的三個朋友，準備在經過訓練後，作爲侍立在王面前的人，並賜給他們王自己所用的膳和所飲的酒，這本是何等大的機運和恩寵！

但以理卻堅持他信仰中的愛與眞理，在違背王意可能惹來殺身之禍的當時，仍不玷污自己，勇敢而冷靜的面對與處理。

因但以理有美好的靈性，很快的取得大流士王的信任和授權，顯然超乎原來掌權的總長和總督。於是，這些人馬想盡辦法要找到但以理誤國的把柄，爲要在王面前參他。

他們就彼此商量：「除非從但以理的宗教信仰下手，我們不會找出任何指控他的理由。」

於是，他們相約去見王，對他說：「大流士王萬歲！我們在陛下國中從政的監督、省長、副省長，和所有官員都同意由陛下頒布一道禁令，無論什麼人，在三十天內不得向任何神明祈禱，或向任何人求什麼，只准向陛下祈求。誰違反這禁令，誰就得被扔進獅子坑。懇請陛下頒布並簽署這道禁令，使之生效。按照米底亞和波斯法律，這樣的命令是不能更改的。」

於是大流士王簽署這道詔令。

> 但以理知道這禁令蓋了玉璽，就到自己家裡（他樓上的窗戶開向耶路撒冷），一日三次，雙膝跪在他神面前，禱告感謝，與素常一樣。（但以理書六10）

當時，雖然每天都必須面對許多人的情緒、發洩、議論；甚至必

須承擔惡意的批評；但在但以理的身上，卻一再的看到「即或不然」的信心，看到謙卑、敬畏神、等候神心意的重要。

讀到但以理在「**家裡樓上、一日三次、雙膝跪地、禱告感謝**」！於是我決定學習但以理，爬到校長室頂樓上的一個閣樓，這雖然是一個水塔的下方，卻如瞭望台一般，向東、向西、向南、向北開有四個窗戶，每天上班前、午休時、下班後，一日三次來到這裡，雙膝跪地，禱告感謝神！

每回一刻鐘的閣樓禱告，時時讓眼光仰望神，心思意念轉回內在的祭壇，等候神的心意；在絕境時仍打開希望的窗，看見盼望；雙膝跪禱、獻上感恩！

我相信，唯有靠著神的恩典，才能斷開黑暗的權勢，爲人心帶來亮光。因此，每天出門第一件事，就在車上敬拜讚美神！在閣樓上的禱告，求神賜福給偏遠山城小學，使用這個地方，成爲眞理的光。

耶穌是垂聽禱告的神，在禱告中經歷了祂的同在，因著耶穌的引導與掌權作主，學校的孩子們擁有平安而美好的學習環境。透過敬拜讚美的禱告、繞城禱告、禁食禱告、閣樓禱告，神大大翻轉了山城的屬靈氛圍，賜下滿滿的福樂，勝過那豐收五穀新酒的人。

第7章 聖經，教學指引

聖經，是上帝創造了人，所附的一本使用說明書，讓我們按著祂所引導的來使用「人」這個產品，可以確保平安喜樂；以教育工作而言，就是一本教師必備的「教學指引」。

最少有三個原因吸引我們想讀聖經。

聖經是全世界銷售量最高的一本書，光這個理由就很吸引人，一本叫好、叫座有口碑的暢銷書，身爲專業「教書人」，簡直「非讀不可」！加上兩千年來，聖經的預測都成眞，就是一本預言書，豈不令人好奇？

第二，聖經是一本「有神力、威力無窮」！的書，彷彿黑暗中腳前的燈、路上的光，能帶出醫治、安慰、釋放、指引、更新、創造……你想不想讀呢？

神的道是活潑的，是有功效的，比一切兩刃的劍更快，甚至魂與靈，骨節與骨髓，都能刺入、剖開，連心中的思念和主意都能辨明。（希伯來書四12）

第三，聖經珍貴無雙。美國總統華盛頓曾說：「若沒有神和聖經，是無法正確治理世界的。」麥克阿瑟將軍則說：「相信我，即使再累，每一晚不讀聖經，我是不上床的。」海倫凱勒也說：「不管順境或逆境，總是來到聖經這裡，才能全然了解它的安慰。」

在東方，對中國頗有影響力的大陸國務院總理溫家寶，也在汶川大地震後，誦讀聖經詩篇九十五、一一五篇時深受感動，受洗成爲基督徒；近代史上，「以神道而入治道」對華人帶來深厚影響的孫中山先生也說：「我死了也要人知道我是一個基督徒。」

為何要讀聖經？

聖經是神所默示的話語，是眞理、是至寶，可以打開屬靈的眼睛，讓我們擁有屬靈的分辨力；它也是上帝寫給我們的情書，值得我們用感情逐字的享受、感受與體會；就像導航、指南針，讓我們在世界的旅行中不致迷路！

> 聖經都是神所默示的，於教訓、督責、使人歸正、教導人學義都是有益的，叫屬神的人得以完全，預備行各樣的善事。（提摩太後書三16－17）

聖經對人類的靈魂體帶來整體的影響，當然我們也必須用身心靈全面性的閱讀跟經歷。

有一個比喻很容易懂。不管買了什麼電子產品回家，原廠一定都會隨機送上一本使用說明書，告訴你該如何使用，才能發揮最好效果，不至搞壞了、甚至全毀必須丟棄；說明書裡，一定也提到該如何保養、維護，以促進產品的保久性。

其實人和汽車、電器一樣，都是一種產品，是一種擁有「自由意志」與「靈氣」的產品。

教育是教「人」的工作，從事教育近三十年，對聖經最佳的比喻應該就是一本毫無瑕疵的「教學指引」。

原本，每一個人都應該「在當人之前」把聖經好好的讀一次，以便保平安、保健康、保永生，但目前看起來，許多人在「使用自己」之前，跳過了這樣的步驟。

身爲一個教育工作者，如果可以更多親近造物主的智慧，就可以免去許多無謂的追求。

喜歡逛書店、買書，家裡有一大面書牆，抬頭望去，溝通、教養的書一大堆；潛能開發、勵志、時間管理的也不少；演講、團康、行銷高手系列叢書更多，總是希望從人的經驗去提升人的能力。

讀了聖經之後，每讀一次，書架上的書就少很多，我總是站在書牆面前，將那些違背眞理或賣弄小聰明、甚至觀念誤謬的書丟棄；等到讀了五次之後，只想說：給我聖經，其餘免談！

聖經就是神自己。

神就是愛，是上帝寫給人的情書。在金門當兵時，許多人把女朋友的情書或照片，緊緊的用膠帶黏在床板底下，日夜思念；上帝的情書，要用上帝的「交代」黏住，緊緊的黏在我們每一個心思意念中，晝夜思想。

神透過聖經對我們的心說話，對基督徒說話，也對還沒遇見過祂、還沒眞正認識祂、還沒決志相信祂的人說話：

你傷心時，祂說：「耶和華靠近傷心的人，拯救靈性痛悔的人。」（詩篇卅四18）「神要擦去他們一切的眼淚；不再有死亡，也不再有悲哀、哭號、疼痛，因爲以前的事都過去了。」（啓示錄廿一4）

你生氣時，祂說：「生氣卻不要犯罪；不可含怒到日落。」（以弗所書四26）「你不要心裡急躁惱怒，因爲惱怒存在愚昧人的懷中。」（傳道書七9）

你擔憂時，祂說：「所以，不要爲明天憂慮，因爲明天自有明天的憂慮；一天的難處一天當就夠了。」（馬太福音六34）「你們要將一切的憂慮卸給神，因爲他顧念你們。」（彼得前書五7）

你沮喪失望時，祂說：「我雖然行過死蔭的幽谷，也不怕遭害，因爲你與我同在；你的杖，你的竿，都安慰我。」（詩篇廿三4）「神爲愛他的人所預備的是眼睛未曾看見，耳朵未曾聽見，人心也未曾想到的。」（哥林多前書二9）

你害怕時，祂說：「愛裡沒有懼怕；愛既完全，就把懼怕除

去。」（約翰一書四18）「你當剛強壯膽，不要害怕，也不要畏懼他們，因爲耶和華你的神和你同去。他必不撇下你，也不丟棄你。」（申命記卅一6）「你當剛強壯膽，不要害怕，也不要畏懼他們，因爲耶和華你的神和你同去。他必不撇下你，也不丟棄你。」

面對身體的病痛或絕症時，祂說：「他赦免你的一切罪孽，醫治你的一切疾病。」（詩篇一〇三3）「喜樂的心乃是良藥；憂傷的靈使骨枯乾。」（箴言十七22）

聖經也對你的感情、婚姻有一些提醒，祂說：「夫妻不再是兩個人，乃是一體的了。所以，神配合的，人不可分開。」（馬可福音十8－9）「我兒，你爲何戀慕淫婦？爲何抱外女的胸懷？因爲，人所行的道都在耶和華眼前；他也修平人一切的路。惡人必被自己的罪孽捉住；他必被自己的罪惡如繩索纏繞。他因不受訓誨就必死亡；又因愚昧過甚，必走差了路。」（箴言五20－23）

神透過聖經，對我們的「喜、怒、哀、樂、生、老、病、死」說話，神的話語句句都是煉淨的，是一種命令的肯定句，並非選擇題。

神非人，必不致說謊，必不致後悔；天地要廢去，神的話語卻永遠長存！

最佳的教學指引

當過老師的人都知道，在小朋友使用的「課本」之外，老師手上都有一本教學指引，它的進度和課本一模一樣，不過每一課都多了加深加廣的材料，也提供了教學法，告訴我們應該怎麼教？學生才學得會；甚至，有些指引還提供了詳細的教案，只要按圖索驥，教學好像不是一件難事。

神所賜的聖經，就是一本絕佳的「教學指引」。如果我們對神創造人類的心意，有更全面性的理解，相信一定也可以提升我們在教學工作上，不一樣的成長與省思。

單單就教養兒童的觀念上來說，耶穌其實有明確的指示：

> 教養孩童，使他走當行的道，就是到老他也不偏離。（箴言廿二6）
>
> 愚蒙迷住孩童的心，用管教的杖可以遠遠趕除。（箴言廿二15）
>
> 不忍用杖打兒子的，是恨惡他；疼愛兒子的，隨時管教。（箴言十三24）

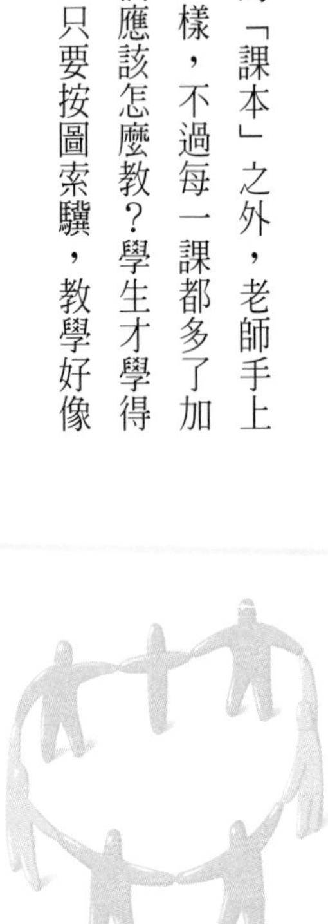

趁有指望，管教你的兒子；你的心不可任他死亡。（箴言十九18）

不可不管教孩童；你用杖打他，他必不至於死。你要用杖打他，就可以救他的靈魂免下陰間。（箴言廿三13－14）

杖打和責備能加增智慧；放縱的兒子使母親羞愧。惡人加多，過犯也加多，義人必看見他們跌倒。管教你的兒子，他就使你得安息，也必使你心裡喜樂。（箴言廿九15－17）

很明顯，耶穌對於兒童的「教」與「養」是很全面的。他用完全的愛來滋養大地、養育每一個人；同時賦予父母對兒童管教的權柄，切切的呼籲爲人父母、師長者，應該運用智慧「**杖打和責備**」孩童，使他們走在眞裡的道路上，到老也不偏移。

顯然，這和當今教育部頒布的紅線禁令，教師法中「嚴禁教師體罰」的法規大異其趣；甚至和兒童少年保護法規定不得「杖打兒童」的家暴防治，有很大的落差。

礙於篇幅無法在此做過多的討論，但神的話語指向爲人父母的心，如何作爲？透過完整的閱讀「教學指引」之後，會發現聖經就是一本無可匹敵的最佳教養書，你也會和我一樣，隨著一次又一次的閱讀之後，在逛誠品、金石堂書店時，已經買不下任何一本人類專家寫的書。

在進入下一個小主題「如何讀聖經？」以及用剛剛的觀點來定義「聖經是一本教學指引」時，還有一個很重要的提醒：

神是個靈，所以拜他的必須用心靈和誠實拜他。（約翰福音四24）

按圖索驥並不能眞正成爲一個好老師，如果沒有「愛」，再好的技術與流程，都無法眞正的達成教學目標。

讀聖經也是如此。

神是靈，因此除了理性的讀經（認知），我們要用感性、靈性全面的去經歷神的話語，才有辦法看見神所要傳達的眞正意思。

每個禮拜天的主日過後，我都參加教會的一個混聲合唱的唱詩班。有一回，正在練習合唱一首很美的詩歌，每個人都覺得這首詩歌很能進入心靈深處，帶來安慰和醫治。

正當陶醉在神的愛與美好的歌聲中時，臨座的一位弟兄忽然啜泣起來，接著深層的釋放、痛哭不已。爲他按手禱告，靈裡感覺到這是一種內心深處的深層釋放，神正透過詩歌醫治、安慰他的靈，讓他像孩子般的哭泣，體驗一種前所未有、出人意外的平安。

神的話語帶來智慧，指出道路、眞理、生命。就像歌詞裡說的，神是我靈的主，是我心最甜蜜思想。與神的靈合一，才能在讀經時，理解神所要表達的深意。

願祢是我引導

願祢是我引導，我靈的主，世上無一物可與祢比擬，不論晝夜祢是我亮光，祢也是我心最甜蜜思想。願祢是我智慧，也是真理，我願親近祢求與我同在，祢是我天父，我為兒女，請來居我心，我與祢合一。不追求財富，和人的誇讚，祢是我所有從今到永遠，祢，唯有祢居首位在我心，至高的君王祢是我珍寶。至高的君王帶領我得勝，願天上喜樂洋溢在我心！不論遭何事，祢是我至寶，永是我引導。
哦！萬王之王。

（詞／Mao Chin－Chin）

如何讀聖經？

如何讀經？這個問題正如同「如何吃飯」？

經上記著說：「人活著，不是單靠食物，乃是靠神口裡所出的一切話。」（馬太福音四4）因此，爲何吃飯？因爲肚子餓。何時吃飯？餓了就吃！或者有規律，定時、定量、定點的吃。

常戲稱聖經有一千一百八十九種營養素、六十六種維他命；可歸納爲兩大類：舊約，神自己（DNA）；新約，神的愛（LOVE）。

這是用來讓人快速理解聖經架構，它包含舊約三十九卷、新約二十七卷，合計共六十六卷書；全書合計一千一百八十九章，舊約記錄耶穌來之前，新約充滿耶穌來之後的愛與救贖，整本聖經都指向神自己——上帝、耶穌、聖靈。

剛開始，我是從新約聖經開始讀，先享受神的愛！先認識耶穌是

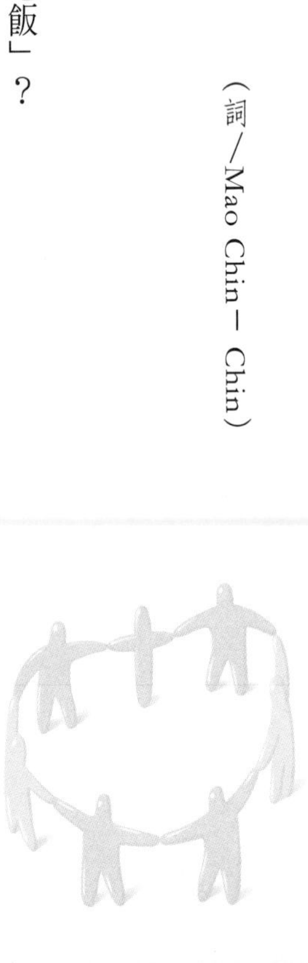

主；接著讀舊約，更深刻全面的認識神的屬性。全書共六十六卷，像是六十六顆寶貴的珍珠。聖經像是一條最美麗的珍珠項鍊，而耶穌，就是那條線。

不管舊約或新約，都單單的指向耶穌，這是眞理、也是奧祕！讀經之前，應該先禱告，求聖靈帶領。

不僅只是「讀」經、也要默「想」，還要爲明白神的旨意「付出」熱心。聖經是神的啓示完成的，無論什麼情況，聖靈不會離開聖經做工。因此，要相信聖經本身就是最普遍、最明確的聖靈帶領。

憑信心讀。

看不懂的先瀏覽過去，有感動才停下來思考。不過很多人恰好相反，那是因爲從小老師就教我們，不懂的要弄懂，考試才能得高分；後來才知道，關於生命的事，有一些怎麼想都想不懂，時常卡住，動彈不得。

第一次讀聖經時，「起初，神創造天地。地是空虛混沌，淵面黑暗；神的靈運行在水面上。神說：『要有光』，就有了光。神看光是好的，就把光暗分開了。」（創世記一1－4）神創造天地只用了六天，這一段話我卻讀了半年……。

有些事是弄清楚之後才能相信的，有些事則是相信之後才能弄清楚的。「我要將我的靈澆灌你們，將我的話指示你們。」（箴言一23）聖靈充滿後，神藉著聖靈引導我，透過靈音、感動、直覺來帶領，使我能敞開心聆聽，而不是單靠耳朵，才能不斷提升屬靈的分辨力。

直到如今，當我聽見神，幾乎不用比對，就知道那是神的聲音。神的帶領，愛上了讀經。曾經配合教會推動的讀經計畫，每天讀四章、一年讀完一次聖經；也曾在聖靈的帶領下六十六天讀完聖經。讀了以女性觀點剖析的姐妹版聖經，也專注完整的「聽」完有聲版的聖經，有華語、也有台語的。

通常，每天清晨五點起床讀經。有一段時間，聖靈在清晨四點（或更早）就呼召起床讀祂的話；有時配合禁食禱告大量讀經，也常常全家出門「休閒旅遊」，找個定點共讀聖經。

唯獨從上頭來的智慧，先是清潔，後是和平，溫良柔順，滿有憐憫，多結善果，沒有偏見，沒有假冒。（雅各書三17）

他的名稱爲神之道。（啓示錄十九13）

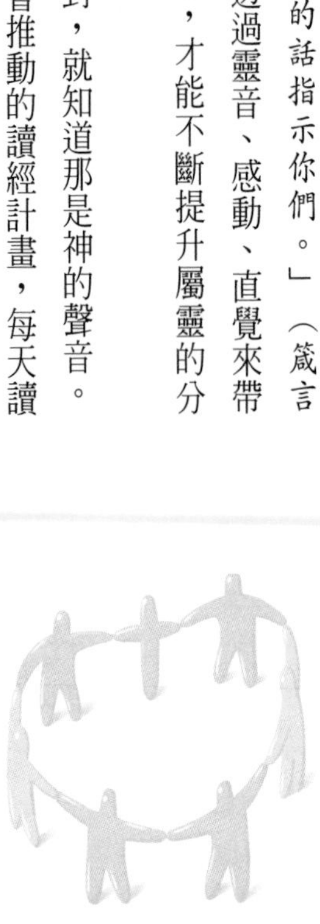

「基督教」不只是一個宗教，勸人爲善、和氣待人而已。神是昔在、今在、永在的全能神，又眞又活的在我們當中，時時透過祂的話語陪伴、引導我們，使我們走在眞道上，不偏不倚。

有人戲稱，人生就像是一所「社會大學」，那麼，耶穌絕對是一位最棒的老師，而聖經，就是祂手中的「教學指引」。

第8章 聖靈，心靈的導師

校長所要處理的事務中，家長「選老師」是最頻繁，也是最棘手的問題之一。

每個人都希望學習的過程能遇見好老師。好老師的定義五花八門，大部分家長以「口碑」、「風聞」爲主，能夠列爲名師的，大都指向一個共同的特質，「全心投入、充滿愛心」。

從人能理解的角度來分析，這樣的特質可以細分爲：「**仁愛**、**喜樂**、**和平**、**忍耐**、**恩慈**、**良善**、**信實**、**溫柔**、**節制**。」班級經營越趨向這些文化，越能得到家長的認同，得到較好的評價。

有怎麼樣的老師，就會有怎麼樣的學生。

這是黃金定律，說的是一個老師對學生會產生重要的影響。當然，神有祂的心意，以及在每個人身上的美好計畫。神看每個人爲寶貴，「老師」的位分也是神所賜，每個老師都應該珍惜神所差派的任

務，成爲孩子的「心靈導師」。

耶穌是最好的老師，也是每個人最親密的心靈導師——「聖靈」。

每個人都需要聖靈

透過更生團契的安排，有機會到台中監獄服事，帶領參加查經班「啓發課程」的受刑人弟兄，醫治禱告、追求聖靈！

深深覺得，犯罪不是誰的專利，我們都是罪人！在這個充斥著撒但邪靈謊言的世代中，很多人的心靈就像一個無形的牢籠，受到罪的轄制，無法得眞正的自由。人模人樣，西裝筆挺的背後，往往是隱而未現、不爲人知的醜陋！

雖然，每個人從孩提時代進入小學，老師總是耳提面命透過各種方式，希望把人帶向一個目標。或許，許多老師甚至說不出那個「目標」是什麼？總之，教育部門透過生命教育、性別平等、環保議題、友善校園、七大領域、亮點學校、教師評鑑、百閱計畫、卓越領導……就是希望將孩子們帶向一個「標竿」。

但教育是人教人的工作，註定失敗收場。

監獄裡的兄弟哭著對我說，「我眞是苦啊！我心裡想要學好、做好，卻做不出來！好像由不得我自己，我快死了，誰能救救我呢？」

我相信，這是許多現代人內心的吶喊！

因爲我所做的，我自己不明白；我所願意的，我並不做；我所恨惡的，我倒去做。……因爲，立志爲善由得我，只是行出來由不得我。故此，我所願意的善，我反不做；我所不願意的惡，我倒去做。……我眞是苦啊！誰能救我脫離這取死的身體呢？（羅馬書七15－24）

教育單位和宗教單位一樣，總是勸人爲善，每個人都進過學校接受教育，從幼幼班到大學，甚至碩士、博士班。如果「學校教人爲善」眞的有效，其實就不再需要那麼多的廟宇、宗教。這些「教主」像是學校的「教師」，無法進入罪的核心，去解決人類靈裡遇到的問題。

「我所願意的善，我反不做；我所不願意的惡，我倒去做。」

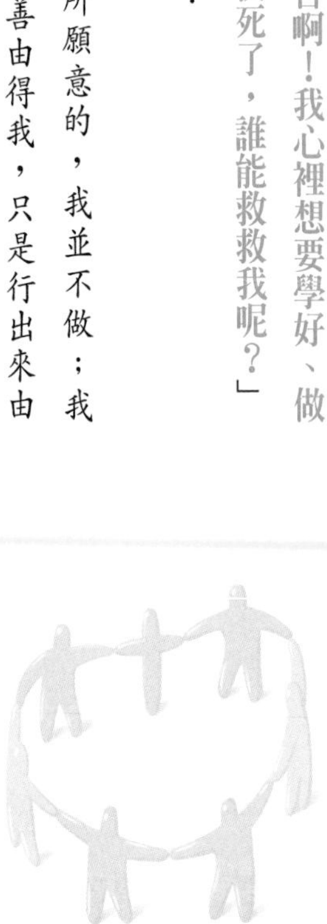

這是很多人的感受。總是在內心兩個律的爭戰中敗下陣來，陷入罪的泥淖。

聽過一位在晨曦會靠著福音戒毒成功的弟兄，談到他在最無助時，自己就像一隻陷在流沙泥淖中的猴子，越是用力掙扎、越往下陷落。有時候儆醒了，想救自己，卻無法靠著自己的手抓住自己的頭，將自己帶離罪的泥淖中。他說：我們需要一隻大手，將你完全的拉拔出來；祂是上帝！只有上帝做得到！

耶穌是救世主，又眞又活，不是宗教、不只是信仰。人教人註定無功而返，只有神救人才是唯一的活路。

我要從父那裡差保惠師來，就是從父出來眞理的聖靈；他來了，就要爲我作見證。（約翰福音十五26）

聖靈是誰？如何領受？

聖靈是神，「聖父、聖子、聖靈」三位一體，聖靈是有位格的神，祂參與創造的事工，「起初，神創造天地。地是空虛混沌，淵面

黑暗；神的靈運行在水面上。」（創世記一1－2）

聖靈是一種能力，祂賜給人們能力、智慧、聰明，樂於幫助、給予安慰、醫治，不是一種法術，或現象。

聖靈是天上賜下來的禮物，是上帝的恩典；並非靠善行或功勞就能取得。我們只要以信心來領受，領受聖靈沒有條件！

我也曾陷在罪的泥淖中無法自拔。直到學會不依靠自己，呼求聖靈。聖靈充滿我，救了我，靠著耶穌的愛化不可能爲可能！

耶穌的愛，戰勝死亡權勢，帶來新的希望、新的生命、新的未來。看著受刑中的弟兄，我心知道，他們需要耶穌，只有耶穌可以釋放心靈得自由。因爲神的靈在哪裡，那裡就有自由！

我是校長，忝爲讀書人，讀過的書，疊起來比自己的身體還高！後來頗有感慨，許多時候，讀書只能增加「知識」，卻很難增加「智慧」。原來敬畏耶和華是智慧的開端，聽上帝的話就有智慧和聰明。

父親是一位沒進過學校讀書，不識字的乩童。更多時候，他是一個純樸古意的莊稼人，過著日出而做、日入而息的農家生活。

聖靈充滿在我們父子中間，是上帝的恩典，與讀多少書無關、與社會地位無關、與財富無關，更與年齡無關；在於渴慕、悔改、敞開

心靈、單純相信。

聖靈具有知識、情感、意志，因此我們也需要以理性、感性與靈性全面的來親近祂；聖靈的作為就是神的作為，「說話、幫助、代禱、教導、作見證、引導、指示、揀選、安慰、擔憂……」。都是聖靈在我們身上最常見的工作。

不要叫神的聖靈擔憂；你們原是受了他的印記，等候得贖的日子來到。（以弗所書四30）

在聖經中聖靈以不同的樣貌出現，「在水中立樓閣的棟樑，用雲彩為車輦，藉著風的翅膀而行，以風為使者，以火焰為僕役，將地立在根基上，使地永不動搖。」（詩篇一〇四3－5）水、火、風、油、雨、鴿子都是聖靈的象徵，是一種印記，也是一種憑據（負責任、保證）。

領受聖靈，該有哪些準備？

聖靈是保惠師，保護、施恩惠、老師，是生命的重要貴賓。邀請貴賓應該有些重要的準備：

我覺得完全的放心，把自己交給神來引導，這樣的態度很重要。

許多人雖然渴慕聖靈的充滿，但是又顯得太緊張，甚至不放心，深怕聖靈充滿時的反應與方言叫人難爲情。你想想，我們何時對著一個童稚的嬰孩所表現出的樣子不屑呢？只有讚嘆天眞，全心喜樂罷了。

接著，要有強烈渴慕的追求。所謂的「渴慕」，正如魚離了水一般。

> 神啊，我的心切慕你，如鹿切慕溪水。我的心渴想神，就是永生神；我幾時得朝見神呢？（詩篇四二1－2）

神是聖潔的神，聖靈來訪之前，我們必須謙卑的在神的面前認罪懺悔，承認自己所犯的罪，承認耶穌帶來的救恩。你可以跟著我作一個禱告：

> 親愛的主耶穌，我願意打開心門，邀請祢進入我的生命中，我要接受祢作我的救主和生命的主宰，謝謝祢承擔我所有的罪，替我死

在十字架上，謝謝祢要賜給我一個新的心、新的靈、新的生命，使我成為祢所喜悅的人。求祢的靈來充滿我，完全的充滿我。謝謝祢的恩典！奉主耶穌基督的名禱告，阿們！

聖靈是神，是聖潔的靈；不是一種幻術，千萬不要有非分之想。不要想著藉屬天的力量，來做神所不喜悅的任何事。神的能力高過諸天，大過穹蒼，遠超過人的知識、智慧所能想像。

當我們憑著單純的信心，開口呼求耶穌；憑著真心的喜歡，單單仰望耶穌；靠著完全的順服，把自己交託出來，來到神的面前，敞開心，心思意念完全的指向耶穌，順服聖靈的帶領，「口開心開」，我相信，聖靈就要大大充滿下來！

與聖靈的奇妙接觸

聖靈洗禮，第一次接觸

在生命最困頓，決心想要死的那個晚上，聲嘶力竭的呼求主：主啊……主啊……。跪在耶穌的面前，完完全全的認罪懺悔，求耶穌救我。

瘋狂的呼求**耶穌救我**。大約一刻鐘之後，一道光如同一把火從頭頂灌入我的身體，舌頭如烈焰，聖靈賜下方言，放聲禱告。

大聲方言中，聖靈親自帶領我認罪、醫治、釋放。認一個罪吐一次，得勝後又一個畫面，又認罪又吐；犯過的罪像播電影一般，從當時回溯到孩提時期，一幕一幕的出現……淚流滿面！

從晚上十點多直到午夜一點，將近三個小時。感謝主！耶穌大大得勝！精疲力竭、汗流浹背，身體雖然狼狽，但靈魂卻得到重生與自由。那一夜，是有生以來睡得最好、最香甜的一夜。

隔天，無法自主的說了一整天的方言，開口就是方言、唱歌也是方言。接著的一週，聽不懂的舌音方言，總在不經意間流瀉而出，聖靈在我身上有很特別的作爲，往往會敏感而預知性的感受到身邊屬靈的氣氛，或爭戰或喜樂。

時常在開車時，爲著一份感動，不自主的停在路邊流淚方言禱告，甚至長達半小時也無法停止。內心深處感覺到很多靈魂需要被救贖、也深切的感覺到溫柔的聖靈是何等的憂傷、更深刻體驗到聖靈如此眞實的與我同在！

聖靈充滿，陪伴每一天

聖靈洗禮後，自己卻還像是悖逆的以色列人，因大大經歷神而確信神，但仍軟弱的任自己流浪，不想悔改！或者說，無法依靠自己勝過老我、沒有能力靠自己悔改、得勝，過的還是舊的自己，非常的軟弱。

當時，只有在偶而回到教會時，才喚醒聖靈的同在。幾乎在每一次的禱告、唱詩、敬拜的過程中，都可以感受到聖靈的充滿。常常流淚禱告在神的面前，求主救我！憐憫我！求聖靈成爲我的幫助。

知道神眞實存在，卻行不出神所喜悅的樣式，往往還在罪中之樂徘徊；這是信主最苦的階段，時常自己責備自己，非常痛苦。只能刻苦己心，呼求聖靈，支取聖靈的力量，來面對自己內心的轄制！

然而，我將眞情告訴你們，我去是與你們有益的；我若不去，保惠師就不到你們這裡來；我若去，就差他來。他既來了，就要叫世人爲罪、爲義、爲審判，自己責備自己。（約翰福音十六7－8）

聖靈充滿時的反應，以及對我的影響

隨著自己對聖靈的渴慕，聖靈時時與我同在，也越來越熟悉跟聖靈相處的方式，並且習慣邀請聖靈成爲我靈裡的主宰，在我生命中坐著爲王，大事小事都交由聖靈來決定，祂是我的「心靈導師」。

聖靈充滿時，會隨著神在每個人身上不同的預備和心意，有不同的反應。像是聖靈安慰後的「流淚」，大叫釋放後的「嘔吐」，喜樂湧流像孩子一般笑得「吱吱叫」甚至「跳個不停」；醫治身體「全身抖動」、「全身電到麻麻的」、「充滿溫暖熱熱的」、「舌頭如烈焰一般的抖動」……甚至更多時候只是如鴿子般溫柔優雅的觸動心弦。

聖靈造訪了我的生命，更對我有深刻的教導，這些都不是在學校教育中，可以做到的。

我看見了人的智慧是有限的，用有限的智慧所發展出的教育活動，雖然絕對有其必要性，但也有其有限性。很遺憾的是，這樣的有限性，卻很容易攔阻了我們敞開心門來認識、接受創造主——耶穌。

「說方言、渴望傳福音、心中的確信」是聖靈充滿最大的確據。

「若不是被聖靈感動的，也沒有能說耶穌是主的。」（哥林多前書十二3）因著聖靈，讓我確認了神的眞實，擁有全然的信心來跟隨耶穌、奔走天路；不僅喜歡讀神的話語，禱告也更加火熱，且更有靈敏的感受與屬靈的分辨力。

聖靈給了我一種內在的力量，一種生命力。「現在活著的不再是我，乃是基督在我裡面活著。」（加拉太書二20）新的心、新的靈，產生新的力量；能愛自己，也愛人如己；擁有饒恕的力量，以及爲仇敵禱告的能力。

靠著聖靈，往往帶領我作出正確的決定，生活充滿神蹟，時常點頭、滿心喜悅知道這是耶和華的手所做的。與神同行，有很大的安全感，不恐懼，獨處也不孤單。

神的靈在哪裡，那裡就要得自由！乾渴的要得飽足，枯骨都要活過來！聖靈何等奇妙偉大，祂釋放我靈魂體得完全的自由，可以坦然無懼地來到神的面前親近敬拜祂。

如何持續聖靈充滿？

親愛的主耶穌：

我們都是罪人，神何等愛我們，讓我們憑著單純的信心，渴慕、呼求，聖靈就充滿、陪伴，成為我靈的引導、最甜蜜的思想；這是天上賜下來的禮物，這是神最美的祝福，一生一世的祝福。

聖靈是神的靈、基督的靈、真理的靈、生命的靈，以風為使者、火焰為僕役，要大大的燃燒、挑旺我們對聖靈渴望的心；奉耶穌基督的名宣告，願主耶穌基督的恩惠、神的慈愛、聖靈的感動，如油從天上大大的傾倒下來，多而又多的膏抹在我們的身上。

奉耶穌基督的名禱告，阿們！

聖靈就是神，是聖潔的靈。

隨著聖靈充滿，成爲我意志的主宰之後，我的生命、家庭、關係

和身體都經歷了不可思議的改變。

接著，開始害怕聖靈離開我！因爲從沒忘記過自己是個罪人，是何等渺小；深知道改變的力量不是靠自己的能力才華，乃是依靠聖靈，才能持續帶來平安喜樂。

神啊，求你爲我造清潔的心，使我裡面重新有正直的靈。不要丟棄我，使我離開你的面；不要從我收回你的聖靈。（詩篇五一10－11）

和監獄受刑中的弟兄分享見證，也告訴他們，如何戰勝罪惡，學習和聖靈相處，好讓聖靈持續澆灌充滿在我們的生命中：

我宣告！我是神的兒女！

每天對著神說「我是」！每天宣告我是神的兒女！用「持續渴慕，安靜等候」的態度，學會讓聖靈主宰自己的生命，傾聽聖靈溫柔的聲音；離負（負面心態）轉正，以聖靈喜悅的爲自己喜悅的。

我決定！絕不走回頭路！

時常對自己的心說「不」！下決心，打死不走回頭路！堅定的跟隨耶穌。潔淨自己的身體，不玷污聖靈的殿。並與基督建立親密的心靈關係，遠離罪的意念；若犯罪，立即悔改。不叫聖靈擔憂，不消滅聖靈的感動。

跟對人的人在一起！

靠近喜歡讀經、禱告、唱詩讚美神的人。大量讀經，時常方言禱告，參加主日、小組聚會。積極服事，熱切傳福音的工作。聖靈是宣教的靈，在服事神的過程中，彼此受益、同得造就。

穿上屬靈的全副軍裝！

從屬靈的角度來看，我們並不是與屬血氣的人爭戰，而是與掌管這幽暗世界的，以及天空屬靈氣的惡魔爭戰。

耶穌提醒我們，要靠著聖靈的大能大力作剛強的人，要穿戴神所賜的全副軍裝，才能抵擋魔鬼的詭計，過得勝的人生。

所以，要拿起神所賜的全副軍裝，好在磨難的日子抵擋仇敵，

並且成就了一切，還能站立得住。所以要站穩了，用眞理當作帶子束腰，用公義當作護心鏡遮胸，又用平安的福音當作預備走路的鞋穿在腳上。

此外，又拿著信德當作盾牌，可以滅盡那惡者一切的火箭；並戴上救恩的頭盔，拿著聖靈的寶劍，就是神的道；靠著聖靈，隨時多方禱告祈求；並要在此警醒不倦，爲眾聖徒祈求。（以弗所書六13—18）

抵擋魔鬼一切的詭計！

小心，魔鬼就在你身邊！

魔鬼時常向我們心戰喊話。當兵的時候，班長改編過的台詞，用在這裡恰到好處：親愛的共軍弟兄們，你們已經被包圍了，不要再作無謂的抵抗了，趕快放下武器出來投降吧！我們的檳榔跟椰子一樣大，我們的芭樂跟西瓜一樣大，我們的水梨，跟臉盆一樣大；我們熱騰騰的饅頭，比你們的枕頭大！最重要的是，我們的姑娘比你們的辣！

這麼淺顯的誘惑，我們偏偏容易被欺騙。那是因爲陷在罪中，不知道自己在做什麼！因爲撒但魔鬼最大的騙術就是告訴你：做了吧！反正沒有人看到！做了吧！只有一次，不要有下次就沒事啦！做了吧！人不瘋狂枉少年！只有卒仔才不敢做！

相信耶穌是我的寶！

「靠山山倒、靠人人跑、靠自己最好。」一句順口溜，勉勵人莊敬自強，卻也帶來某種程度的迷失；人靠自己往往就像那隻泥淖中的猴子，根本無力脫離罪惡的漩渦。所以我要說：靠山山倒、靠人人跑、靠自己很糟、靠耶穌最好！

謝謝耶穌，親自成爲我們的幫助；謝謝聖靈，成爲我們永遠的心靈導師身心靈的保惠師。因著神的愛，要注意以下幾件事情，以保持聖靈持續的充滿：

（一）身：潔淨自己，不玷污聖靈的殿（身體）。

（二）心：與耶穌建立親密的關係，遠離罪的意念；若犯罪，立即悔改。

（三）靈：不叫聖靈擔憂，不消滅聖靈的感動。

（四）行爲：大量讀經，時常方言禱告，參加小組聚會。

（五）態度：持續渴慕，安靜等候。

（六）價值觀：離負（負面心態）轉正，以聖靈喜悅的爲自己喜悅的；積極服事，熱切福音的工作。

聖靈的果子

耶穌是彌撒亞，是人類的救主；聖經是他手上最佳的「教學指引」，聖靈是宣教的靈，又眞又活、會說話，就是保惠師。

現今的世代是一個邪惡的世代，是一個黑暗的時代，人們被快速的網路、３Ｃ產品所轄制，情慾充斥在這個世代當中，對教育工作造成莫大的衝擊，許多學校、老師、家長都束手無策。

黎明前的夜總是特別的黑，晨星卻是分外的明。黑夜已深、白晝將近，耶穌必快再來。我們處在一個人類史上特別的時刻，應該趁早明白眞理，邀請耶穌到我們的生命中，靠著聖靈的能力，脫去暗昧的行爲。

在視訊的時代裡，我們過得不輕鬆，是因爲許多事行在黑暗中，不敢攤在陽光下。聖靈對我們有很迫切的提醒：「行事爲人要端正，好像行在白晝。不可荒宴醉酒；不可好色邪蕩；不可爭競嫉妒。總要披戴主耶穌基督，不要爲肉體安排，去放縱私慾。」（羅馬書十三13－14）

情慾和聖靈相爭，聖靈與情慾相敵，就像每個人的心中有黑天使、白天使；或者象徵撒但的獅子和猶大的獅子一般，你的自由意志順從哪邊，你的生命就結什麼果子；好樹結好果子，壞樹結壞果子。

我們要靠著聖靈，也要幫聖靈打贏這場戰爭。要把握時間、愛惜光陰，順服在聖靈的感動中，親近神、抵擋魔鬼：

情慾的事都是顯而易見的，就如姦淫、污穢、邪蕩、拜偶像、邪術、仇恨、爭競、忌恨、惱怒、結黨、紛爭、異端、嫉妒殺、醉酒、荒宴等類。我從前告訴你們，現在又告訴你們，行這樣事的人必不能承受神的國。

聖靈所結的果子，就是仁愛、喜樂、和平、忍耐、恩慈、良善、信實、溫柔、節制。這樣的事沒有律法禁止。凡屬基督耶穌的人，是已經把肉體連肉體的邪情私慾同釘在十字架上了。

我們若是靠聖靈得生，就當靠聖靈行事。不要貪圖虛名，彼此惹

氣，互相嫉妒。（加拉太書五19－26）

還記得那些擁有美好性格的名師嗎？

在耶穌辦學的學校裡，已經差派聖靈親自做了奇妙的工作，是最佳的專業進修訓練。透過敞開心門接受耶穌、真心渴慕呼求主名、聖靈充滿改變生命；最後，聖靈的果子結實累累，成爲一位可以發揮好的影響力的老師，也是耶穌的門徒。

聖靈要我們擁有仁愛的心，知道這愛是來自天上永恆不變的愛，因著神，有能力活出愛，盡心、盡性、盡力、盡意愛主，並且愛人如己。也讓我們在承認自己的不足、謙卑認罪，重獲自由之後，得到一種「經過試煉、熬過患難、感謝救恩的喜樂」。

藉著與神恢復和好關係，帶出真正的和平，能夠和自己和好、和朋友和好、和父母和好；婚姻關係和好、人際關係和好、國與國和好；世界和平！

在危機中看見危險，也看見轉機。在黑暗的世代中，要謹慎行事、知道神的心意，不當愚昧人、也不作糊塗人；應該時時刻苦己心，追求靈命成長，用忍耐的心等候耶穌再來！

樂於給予、寬厚待人、不驕傲，是耶穌恩慈待人的美好德行，祂是良善的大牧者，在訓練門徒、教導學生的過程中，溫柔堅定是祂最有力量的語言。耶穌能看到每一個靈魂的需要，不遠離罪人；是夫子的典範。

耶穌是信實的神；這是屬性，也是神的命令。我們應該披戴神公義的外袍，活出基督的樣式，總要在言語、行爲、信心、愛心、清潔上作人們的榜樣，有耶穌基督長成的身量，戰勝肉體的情慾，分別爲聖，成爲神聖潔的器皿。

聖靈的啓示，耶穌的學校

聖靈透過聖經引導我們，「聖經都是神所默示的，於教訓、督責、使人歸正、教導人學義都是有益的，叫屬神的人得以完全，預備行各樣的善事。」（提摩太後書三16－17）經上所有的話，都是道路、眞理、生命，也是我們行事爲人的基本準則logos。

有時，聖靈也給我們特定的指示Rhema，是一種「知識的言語」，在特定的時候、特定的需要裡，神會親自啓示祂的心意，好在黑暗的世代中，彰顯祂的榮耀和眞光。

願主耶穌基督的恩惠、神的慈愛、聖靈的感動，常與你們眾人同在！（哥林多後書十三14）

接下來，要分享在耶穌的學校中，神賜下祂的恩惠、慈愛，在聖靈親自帶領啓示下，成就令人不可思議的工作。

第三部曲

相信有**愛**，就有**奇蹟**

第9章 牧師校長

史上第一場追思告別禮拜

當〈相信有愛，就有奇蹟〉（讚美之泉專輯曲名）的音樂響起，站在學校校慶的舞台上，對著全校師生以及社區家長，大聲宣告：「愛從天降下，祂已臨到這裡！愛要進到每個人的心中、每個人的家庭中，帶來喜樂、帶來平安、帶來得勝！」時，我的內心澎拜、忍不住兩行熱淚悄悄滑下。

邀請耶穌來辦學，對我來說，是一個「相信」的旅程。

我相信，凡事都不是靠自己的聰明、勢力、才能，而是靠著神的靈方能成事。因此，在對外賓或評鑑委員進行校務經營簡報時，最後一張PPT，一定介紹我的伙伴「耶穌」，並將一切辦學的榮耀歸給祂！時常引用的經文在馬太福音十七章20節：

耶穌說：「是因你們的信心小。我實在告訴你們，你們若有信心像一粒芥菜種，就是對這座山說：『你從這邊挪到那邊』，他也必挪去，並且你們沒有一件不能做的事了。」

在信的人，凡事都能。是我辦學力量唯一的來源，也是堅定不移的信仰，我相信耶穌的能力與智慧，高過諸天、勝過穹蒼；我相信，在人不能的，在耶穌凡事都能！

耶穌開辦的這所「愛的學校」帶出的影響力，不只在學校發光，也悄悄的在社區蔓延，甚至開始對中部、對台灣發出影響力，神的心意與榮耀親自彰顯在其中。

透過聖靈奇妙的帶領，在耶穌的學校裡，處處有驚喜、歡呼永不停！

首先，校慶時〈相信有愛，就有奇蹟〉成爲主題曲，能在全校師生家長的面前，唱詩歌、宣告神的愛降臨、宣告神的話語；看到同事手牽著手、肩搭著肩站在台上跳舞，簡直感動到噴淚！（頌讚神是何等奇妙偉大！）

接著，我也跟同仁們開了一個「熱笑話」：「我們來成立一個唱詩班吧！」卻萬萬想不到，這是神預備的開始！

里長伯告訴我：「這個山頭上沒有教會、沒有基督徒。」

耶穌定意要鬆開這座山城的土，而我這唯一受洗的基督徒校長，成了義無反顧，全力以赴的精兵。神使用我的軟弱與不足，在山上舉行有史以來的第一場安息追思禮拜，爲要見證祂奇妙美善的大能。

軟弱的我變剛強

校慶活動後的某一天早上，正和主任在校長室討論事情，麗敏（化名）老師走進來，告知她的婆婆過世，將從醫院載回遺體。

聖靈感動我，爲她禱告！

這樣的傷心，落在年近半百的麗敏老師身上，引人鼻酸。在禱告中，聖靈親自安慰她的心，麗敏流下了淚水。在她原本獨立、剛強的心中，預備了柔軟的心。

隔天晚上在家裡靈修時，正讀著〈但以理書〉，耳邊隨意放著YouTube的詩歌集錦，一首接著一首隨機播放……忽然，有一個旋律

深深的吸引了我，我很確信以前從來沒有聽過這首詩歌，〈軟弱的我變剛強〉卻完全進入靈裡，感動得不能自己！

這首詩歌使我暫時停下了讀經，專注聆聽，一種激動在我的心靈深處；聽完了一次，又反覆聽第二次、第三次……。

最後決定上網搜尋樂譜，時間已接近午夜，印好了譜，用吉他彈唱了兩次，覺得心靈很飽足；睡前，**一種靈動的感覺，一種心意**，促使我把原來放在桌上的樂譜對摺，放入隨身的包包。當我做完這個動作，心裡覺得似乎有什麼事要發生；但卻又完全不知道，甚至不能理解爲什麼要帶著這一份譜去上班？

軟弱的我變剛強

軟弱的我變剛強，貧窮的我變富足，

瞎眼的我能看見，主給我行了神蹟。

我要度過的那江，再次洗盡我的罪，

現在主的大慈愛，向著我湧流著。
在極深的江河中，主扶持我站起來，
高唱得救的樂歌，耶穌賜給我自由。
和撒那，和撒那，釘死十架的羔羊；
和撒那，和撒那，耶穌祂已復活了！
（詞／What The Lord Has Done In Me
曲／Reuben Morgan. 以斯拉）

聖靈的啓示

清晨上班，有別於平日一上車就播放張哈拿牧師的敬拜禱告，靈裡卻依然停留在睡前那感動我心的旋律中。忍不住從包包拿出歌譜，一邊開車一邊唱著這首歌，進入禱告與敬拜中……。

二十多分鐘過去了，靈裡忽然有一個意念，覺得這首歌很安慰人心，應該很適合「告別式」……。接著，一瞬間，**聖靈一秒鐘就把今天祂要我去做的事對我說完了。擔心、疑慮都還來不及運轉，神對我說：我會爲你預備一切你所需要的！**

一回神，才想起今天是排定要到麗敏老師家弔唁的日子，聖靈竟然要我把詩歌、把福音、把追思、把愛帶進這個家庭。**神啊，不會吧！我跟聖靈說：「這是眞的嗎？」**

人還在上班的途中，老婆在電話中幫我轉寄了教會「牧師嬤」的安息告別禮拜流程表，也找出了我在筆記整理過一篇牧師在告別式中的信息大綱，她都拍照傳給了我。

一到學校，急著打電話給還在梳洗的好朋友，問他可否在今天支持我做一件「聖靈感動」的事？

感謝神！同是基督徒校長的弟兄一口就答應了；只不過，語重心長、略帶擔心的反覆提醒我，喪家的感受一定要小心面對、處理，一切以喪家的需要爲主。但如果確定要如此行，「我排開行程支持你！」他說。

隨著不間斷的方言禱告，聖靈一步步的帶領我，主禮、司琴、司會、讀經、獻詩等同工都一一浮現，都是平日較常聽過我見證福音大能的學校同仁，「在耶穌裡我們是一家人、我已被贖回、我有真正的平安……」的詩歌一下子躍然紙上。

當思緒轉到「獻詩」時，該唱什麼呢？一個很清楚的意念：就是它了──〈軟弱的我變剛強〉。

但是，同仁們能唱嗎？敢唱嗎？願意唱嗎？對他們而言可能一輩子都未曾在告別式唱歌，何況還高唱耶穌！對於大部分不認識神的同事而言，這簡直是一件天大的挑戰！

「他們願意跟著我做這件事嗎？」告訴自己，先把擔心擺在一邊吧……。

心想，反正得親自跑一趟喪家，與麗敏老師審慎的溝通。如果喪家願意接受這樣的心意，後續的一切，神一定會爲我預備！如果他們不要，這些擔憂都是多餘的……。

耶穌的預備

其實我更確信，耶穌早早連喪家的心都預備好了！

圖書館正進行學生的說故事比賽，心正拉扯，是去參與孩子的比賽呢？還是趕緊到喪家去找麗敏老師呢？

「校長，麗敏老師邀請您到圖書館聽我們說故事，已經開始了！」一位孩子輕敲校長室的門報告著。

「麗敏老師？麗敏老師不是請喪假嗎？」我自言自語，不可

置信。

說故事比賽結束，邀請麗敏老師到校長室，一面關心慰問她，一面將我的想法、心意告訴她，徵詢她的看法。

談到一半，教務主任進來陪同……。

「在靈堂唱歌？」教務主任張大嘴巴，激動的語氣，聽不出要表達的是「不可思議」的情緒？或是覺得「根本不可能」的驚呼！

麗敏老師當下表示，她個人很感動也接受校長的好意，但這樣的事，必須回家和先生以及公公溝通。

接著，幕僚長跟我確認幾件事：麗敏老師的先生，是新社區人脈寬廣、頗有主見的公眾人物；公公，年逾八旬，是社區裡的重量級仕紳，她們家的左前方就是社區的信仰集會所，座落在山城中心的一座大廟。

才說著，電話響起：「我公公表示，願意接受校長的心意，儀式或表達的方式也尊重校長的安排……。」麗敏老師在電話一頭，語帶感恩的說。

「啓動了！」明知這是聖靈的答案，心卻一樣激動！

每一個被成全的步驟帶出每一個確信；更正確來說，是早已確信，一個一個驗證！

禾場中的同工

接著，下課的十分鐘，召開緊急會議，幕僚七嘴八舌中……。

對著主任說，那就是你負責讀經！對著另一位組長說，那就是你司會！「不管會不會了啦——司了就會！」那主禮呢？「打給牧師！」慘了，牧師人在高雄，好不容易喪家同意了，卻來不及了！……那怎麼辦？「校長，就是您了啊！」

靠著神，衝了啦！

距離全校集合出發前往喪家的時間只剩半小時，我在座位上禱告，該以什麼當「證道、祝福」的主題呢？手機中那篇事先預備的大綱可能一時之間講不來……。

時間壓力很大，卻出人意外的平安！

想尋求牧師的指導、提醒，也想請牧師爲我禱告，求神賜我亮光。打了近十通電話，牧師並沒有接。人在高雄的牧師，也正忙著處理另一場告別式，手機已靜音，無法接通。

最後一刻鐘，持續禱告等候神，神的靈與我同在，啓示創世記第

一章第1節到第4節，帶出美好的祝福：

起初，神創造天地。地是空虛混沌，淵面黑暗；神的靈運行在水面上。神說：「要有光」，就有了光。神看光是好的，就把光暗分開了。（創世記一1－4）

短短一刻鐘的時間，在神智慧與啓示的靈引導中，把證道的內容在心裡運轉了一次。十二點半，離開校長室出征前，拿起手機又撥了電話給牧師，那一頭依舊沒有回應……。

一瞬間，神的話語進入我的心：「你不要怕他們，因那爲你爭戰的是耶和華你的神。」（申命記三22）忍不住會心一笑，這正是今年過年在教會主日抽到的金句。當時，甚至不懂神的心意，**此刻，無聲勝有聲，與神相交，何等滿足喜樂**。

感謝神！當天在安息追思禮拜中，帶出神的能力與榮耀，安慰了遺族親人的心，也帶出盼望和平安。喪家致謝詞時，竟也試著用「**哈利路亞**」來表達謝意！

這件事後，我的心仍然異常的平安，但也深深的感動、悸動聖靈的工作，在禱告中思想著神滿滿的恩典，以及祂所爲我預備的一切。

回到學校，一個人在校長室的座位上禱告，跟耶穌訴說心靈的悸動與感謝，祂的愛澆灌在這偏遠的山城，帶出無法取代、出人意外的平安，那長闊高深的愛，不僅推倒人與人之間那道隔斷的牆，也帶來信心和滿滿的盼望。

神是耶和華以勒的神，祂完全的預備，讓我從軟弱變剛強。只有讚嘆神的奇妙是我們所無法測度的；祂爲我們預備一切所需要的，祂的愛是何等的長闊高深，祂的慈愛永遠長存！

我相信，神奇妙的全能彰顯，必有豐盛的復興要遍滿全地。我在靈修筆記裡寫下：

如果不是垂聽禱告的神（和平的君），如何能讓我這兩年來，每天上下班的「流淚呼求、繞城禱告」直達神的施恩寶座前，修補了人與人之間的關係，柔軟了這個剛硬剽悍的山城？

如果不是耶穌的愛吸引（奇妙），這一年來，我的同事怎會一個接著一個，來到教會的恩惠相遇中認識神，成爲禾場的同工？

如果不是神的預備（以勒），怎會在一個月前，召集同仁成立詩歌班，將預備的心、合一的靈放在同仁的心中？

如果不是神親自的醫治（拉法），麗敏老師告知我婆婆過世的那一刻，我的禱告怎能觸動她的心、柔軟她的心、安慰她的心？

如果不是神的美好計畫（策士），致哀的前一晚，怎會在幾十首隨機播放的詩歌中，獨獨被「軟弱的我變剛強」的旋律打動，以至於當天早上的聖靈啓示、乃至於可以用這首詩歌在安息禮拜中獻詩，帶來對喪家心靈的安慰？

如果不是神親自的工作（全能），如何能讓家屬敞開心門，放下民俗信仰的忌諱，願意邀請耶穌的愛進入到他們的家中？

如果不是神的揀選（陶匠），如何能使用軟弱的我成爲祂的器皿；如果不是神親自爲我爭戰（旌旗），把勇敢和信心放在我裡面，我怎麼敢去做這事？

如果不是耶穌，我們什麼都不能！

但我奉耶穌基督的名宣告：「靠著那加給我力量的，凡事都能做。」（腓立比書四13）

榮耀、尊嚴、愛戴都歸給耶穌！哈利路亞！

第10章 愛的音樂課

為耶穌唱一首讚美的歌

擔任校長之前，大部分的時間我是個音樂老師，從事小學的音樂工作長達二十年。喜歡唱歌、喜歡教孩子唱歌，也喜歡看著孩子從音樂教室離開時，那滿足的小臉龐。

信主之前，以爲音樂是用來抒情，抒發喜怒哀樂、愛恨情仇；認識耶穌之後，我才知道，音樂是用來讚美、敬拜，詩歌就是禱告、祝福。

耶穌成爲我的音樂老師之後，總是在祂的音樂課中，感受到溫暖、感動與振奮；像孩子般滿足的臉龐，永遠不想下課。

我也學著耶穌的愛，到處上音樂課，到處唱愛的歌。

「爸爸」成爲我信主之後，「愛的音樂課」的第一個學生。

我的爸爸

許多人對我的原生家庭很有興趣，因為我來自一個「神壇」的家庭，父親擔任乩童長達三十幾年。這樣的背景，使我對傳統民俗信仰有深入的體驗和認識。

更精準來說，許多人對我父親高齡八十六歲受洗成為基督徒，更覺得好奇！

在我的另一本見證集中，對我的原生家庭以及我和父親之間的關係，有過這樣的描述：

我來自一個很特別的原生家庭，很幸運，爸爸四十歲才生我；那些偶而情緒失控對妻小狂吼怒罵，或者拿打牛的藤條打大哥，幾乎要打死他的畫面，對我而言，只是某些故事的元素；對我來說，我是在一個貧窮卻幸福的家庭長大；我的父母從未打過我、罵過我，我的家人總是用滿滿的愛來愛我。

爸爸是個專職的乩童。

從小，我就在家廟、神壇長大，家裡滿滿的偶像，喝符咒水、收驚、下地獄、觀落陰、辦法會的儀式是生活的一部分，一點都不陌生。

母親是我生命中的巨人！

直到她因爲重度躁鬱症，上吊自殺，我趕回老家，親自抱她下來的那一刻，我的情緒崩潰，我的生命也從此出現破口與裂痕。

我的媽媽、阿姨、二舅、四舅的大兒子，都自殺結束生命。

有好多年的時間，爲了理解這些想不懂的事，曾在台南南化水庫旁的一貫道總壇，參加過兩天一夜、三天兩夜、四天三夜、五天四夜、六天五夜、七天六夜的禪七課程；平時也在台中某道場打坐、參公案，投入了很多的精力、時間和金錢，爲要自己受困的靈解脫，但都無功而返。

爲了認識法輪功，詳讀大法輪；爲了理解佛家禪宗，鑽研厚厚的心經和禪書；爲了深入探索靈魂的世界，參加潛能開發的課程，接受催眠的訓練，甚至成爲一位有證照的催眠師……。但是這一切，都沒有讓我獲得眞正的平安。甚至越是探索，越是迷惘；越是追求，越是虛空。

我的第一隻羊

很小的時候，大約三、四十年前吧！看到爸爸對媽媽大男人的一些口氣或作爲，帶給我內在許多怨恨的魂結。

記得在國二時，有一次媽媽抱著孫子從床上跌倒，整個人摔躺在地上，爸爸竟沒有馬上下床攙扶她，我覺得非常不可思議。那個清晨我對著自己的心發誓：等我長大，只照顧媽媽，不想孝順爸爸。

因著這樣的內在誓言，有很長的一段時間，也成爲某種自我逃避的藉口；尤其當媽媽離世後，雖不至於棄養爸爸，但對於照顧爸爸這件事總不太積極，甚至內心的距離很大；就算提供吃住，也不願有太多肢體上親近的互動或心靈上的交流。

當我決志信主後，有一回，特別回到老家跪在爸爸跟前，求他同意讓我相信耶穌、事奉耶穌，並邀請他與我同住，結束他獨自住在鄉下的孤單。後來，帶著爸爸到教會參加主日，他總是默默跟著；父親成爲我禱告、帶領、守望、牧養的第一隻羊。

一開始參加主日時，我總是陪著家人坐在較前面的位置；爸爸因輪椅的不便，由照顧他的外傭陪伴，坐在大殿的最後一排。心想，爸爸有來就好，反正就是坐在輪椅上睡覺，坐在哪裡都一樣。

有一次，剛好外傭約滿回國，新來的外勞尚未銜接上，我只好改變主日坐的位置，親自推著輪椅，陪在爸爸的身旁服事他。

改變位置當天，當牧師邀請會眾，一起舉手高呼三聲哈利路亞時，只見已是八十六歲高齡的爸爸，竟高舉他那無力的雙手，慢半拍的說：「哈利路亞！」。這一刻，深深的打動了我的心，從此以後每逢主日，我都陪在他身旁。

後來，又有一次外傭在週日請假，主日出門前，我跪坐在地上，親自服事爸爸穿鞋襪。那一瞬間，深刻感受到那位在我內心深處，曾經嚴肅剛毅的巨人父親，如今像是三歲小孩一般，需要照顧、需要疼愛；甚至，我也感受到上帝正在柔軟這對父子的心腸。

當天主日敬拜詩歌時，爸爸竟從輪椅上費力的站起來！扶在前方的椅背上，甚至跟著會眾拍手敬拜。站在身旁的我，不斷的呢喃：「感謝主……感謝主……。」眼淚卻再也不聽使喚的流不停！

接著，每逢主日到教會敬拜神時，時常主動握著爸爸的手，在他身旁流淚禱告神；甚至有幾次，我跪在父親的身旁，全心敬拜大聲呼求神，求神赦免我的罪、赦免爸爸的罪，能救贖他，讓他得救受洗；

時常爲父親流淚禱告，超過一年。

感謝神垂聽我的禱告，這樣的日子一年後，神改變了我、改變了我的父親、也改變了我的家庭！

一位擔任過四十年乩童，在復活節當天帶領著全家受洗，並在台上說出唯一的心願：希望我的大兒子也趕快來洗一洗！神叫不可能變爲可能，神讓我們清楚的知道，這是祂的手所做的。

我在沙漠中要把松樹、杉樹，和黃楊樹一同栽植，好叫人看見、知道、思想、明白這是耶和華的手所做的！（以賽亞書四一19－20）

父親受洗時，已經高齡八十六了。

說起來，爸爸也算是我傳福音、守望的第一隻羊。

從關懷、帶領、流淚禱告，到受洗、跟進、持續守望。在這過程中，爸爸有很大的改變。爲了能讀台語的聖經給爸爸聽，促使我完整的聽完台語版的語音聖經，對我有很大的成長。

在耶穌的愛中，爸爸很順服，喜歡聽我說聖經的故事，也願意跟著禱告。

爲了讓爸爸更親近神，我也試著創作簡單的台語順口詩歌，帶著他反覆唱。爸爸雖然不太跟得上，也從不嫌麻煩，一句一句跟著學唱；稱讚他唱得很好聽，他就露出孩子般靦腆的笑容。

這笑容很熟悉，好像是在耶穌的音樂課裡，經常看見的那孩子般的臉龐。

耶穌住在我的心內

耶穌住在我的心內　賜我平安賜我吃
耶穌住在我的心內　我是祂的寶貝仔子
耶穌住在我的心內　大風大湧不免驚
耶穌住在我的心內　我就是祂的疼
耶穌耶穌在我心內　平安喜樂跟我來
耶穌耶穌在我心內　我是祂的寶貝仔子

（詞曲／張輝道）

每次帶領他禱告，他也全程一句一句跟著禱告，有時候長達五分鐘、十分鐘的禱告也不跳針，邊跟邊打呵欠了，他還是跟完！而且，也喜樂歡呼哈利路亞。

帶著他一句一句讀經文，他也總是很有耐心的讀，不管懂了多少，聖靈的愛在其中。我相信，耶穌已深深的住在父親心裡，對耶穌在天家預備的美好未來，滿有盼望。

帶領禱告中，神透過爸爸開口，時常爲大哥、大姐的家庭禱告，也時常帶領他爲長者禱告。我告訴他：「白髮是榮耀的冠冕，在公義的道上必能得著。」（箴言十六31）隨著陪伴父親的年月，神讓我學習到如何謙卑屈膝在老者的面前，用耐心和溫暖的等候陪伴他們。

爸爸是我「愛的音樂課」裡的第一個學生，也是信主後守望的第一隻羊，是一隻順服的羊！

感謝讚美主！在創世之初，那美好的預備。

我的名字

爸爸為我取了一個特別的名字，google之後證明，全世界絕無僅有。

認識耶穌之前，其實我很不喜歡自己的名字，爸爸當乩童，我的名字中的「道」這個字，總讓我聯想到「道士、道教」。

曾跟父親追問名字的來由，原因很簡單，卻也很值得紀念。

我阿公很窮，因此爸爸年輕時胼手胝足，在一塊低窪的竹林地中，到河裡扛大石頭回來填地基，蓋了一個小小的三合院土角厝，就座落在一片大竹林之中，距離最近的馬路要幾分鐘。鑽過竹林、菜園，別人家的後院才能到達。

爸爸跟著見多識廣的二伯父去縣政府奔波，爭取到修建一條馬路通過我家門口，就在我出生那一年開通，因此取名「道」——是道路的意思。

在大學念語文教育學系時，文字學的老教授一個一個點名。

「張輝道！」……嗯，……您的父親一定是個讀書人，這個名字不是一般人能想出來的，……道可道非常道……。

正當教授稱讚連連、欲罷不休，我舉手跟教授說：「我的道是道路，只是爲了慶祝我家門口那條新的道路；爸爸是個未曾進到學校讀書的莊稼人！」全班哄堂大笑。

信主後，我知道名字是一種祝福，就像神應許「亞伯拉罕」是多國之父一般。感謝讚美主！還在母胎之時就揀選我，讀到約翰福音時，眼淚忍不住掉下來……。

太初有道，道與神同在，道就是神。這道太初與神同在。……道成了肉身，住在我們中間，充充滿滿地有恩典有眞理。我們也見過他的榮光，正是父獨生子的榮光。（約翰福音一1－2、14）

信主重生！也爲自己的名字感謝主。

當在我還在母腹時，神就揀選了我，甚至透過父親爲我取的名字，給我滿滿的祝福，彷彿期許我「張」開聖靈的翅膀、仰望耶穌的光「輝」、榮耀神的「道」。

寫了一首歌送給爸爸，謝謝他在地上成爲我的父親，照顧我、養育我，他爲我取的名字就是一個祝福，「光輝的道路」爲要成爲神所用的器皿，發揮生命的影響力，爲神的道作鹽、作光。

在爸爸的跟前，我這樣唱著：阮要來感謝阮的老父，是祢愛阮尚蓋多，祢說輝道是一條路，是咱門口的那條新路……。

祂是咱的上帝

阮要來感謝天頂的父　是祂疼阮尚蓋多
祂是天頂的上帝　起初神創造天地
阮要來感謝天頂的父　是祂愛阮尚蓋多
祂說耶穌是一條路　是唯一一條盼望的路
那是一條真理的路　可以通到天頂去
天頂的那個阿爸父　祂是咱的上帝
那是一條生命的路　可以通到天頂去
天頂的那個阿爸父　祂是咱的上帝

（詞曲／張輝道）

校長室的貴賓

週三上午是小朋友最期待的時間。

「瓜瓜校長在每週三上午晨光時間，安排與各班小朋友約會，每個小朋友輪流到校長室作客。除了準備可口的小點心，還有歌曲教唱時間，校長彈吉他與小朋友一起高歌，這是他們從未有的經驗。

除了學習作客的禮儀，還可以跟校長有祕密的約定。看著孩子們從緊張地步入校長室，到開心地抱著校長依依不捨離開，難怪還沒輪到的孩子都引領期盼，一個屬於他們快樂的約會。」這是台中市教育局校園電子新聞的報導。

每個人的生命都是一則故事，都是上帝最美好的計畫。因此，喜歡邀請小朋友到校長室來，聊一聊孩子的家庭、心情故事，和未來的夢想。

喜歡說故事，孩子也喜歡聽；喜歡將故事寫成詩歌，孩子們也喜歡唱；我們一起唱歌，一起感動，一起笑，有時候也一起哭。

這是校長的音樂課，邀請每一個孩子進入眞實的愛中，就像這個單眼小女孩的故事，因爲耶穌的愛，看見生命的一整片藍天。

一個被醫師宣判單眼弱視的女孩，從小帶著自卑感長大，她不願讓人知道自己的缺陷，總是要求自己做得比別人更好，彷彿要在那些成就與表現中，才能填補自己天生缺陷所帶來的傷口。

她眼中的世界永遠都是不完整的空間，直到發現自己的不完美竟可能是上帝對生命的另一種祝福，她終於找到眞正的愛來自神的心意。

耶穌常醫治瞎子的眼睛，但祂更要打開人屬靈的眼睛，可以看見人生的迷惘、情慾的迷失、靈魂的昏昧；可以看見眞理的亮光、眞愛的無限以及天堂的盼望。

海倫凱勒在黎巴嫩大學演講時，有一位學生問她：「一個人遭遇最大的不幸是什麼？」她回答說：「是擁有健康的眼睛，卻看不見！」

故事中的女孩也一樣，因爲心中擁有上帝滿滿的愛，因此她說：「單一，所以可以只有白、沒有黑；單一，所以可以只有陽光、沒有黑暗；單一，所以可以只有樂觀、沒有消極。」因爲單一，所以她單單仰望耶穌的愛，相信這個眼睛，將帶她看見世界上所有最美好的一切！

單一

曾經覺得自己缺少了什麼　和別人比起來總有些不同
以為未來的天空　是缺了一角的圓單一
曾經覺得自己缺少了什麼　整個世界不會是完整空間
後來發現單一是一種祝福　終於明白簡單更靠近幸福
雖然眼前的世界小了那麼一點點　我的心眼擁有那一片藍天
我只有一隻眼　是造物主賜奇妙恩典
看見生命的良善單純美好　少了黑暗醜惡來遮掩
我只有一隻眼　像向日葵追陽光的臉
全然專注的跟隨引領盼望　就可以靠近祢的幸福藍天
單純的心思單一的仰望　單單注視 全然擁抱
多麼的幸運 多麼的感謝　我只有一隻眼

（詞／sani張輝道　曲／張輝道）

愛的小天使

每一年的軍人節，全校健行四十五分鐘，到山腰附近的國軍營區去勞軍，成了學校的特色活動之一。

軍方的盛情款待，安排豐盛的宴席，有點心、團康，還有戰地分站的體驗活動，孩子到了那裡，總是樂不思蜀；軍愛民、民敬軍，傳爲佳話，營區就是教室，生活就是學習。

這是得天獨厚的環境，學區裡有部隊駐紮，學校的主題活動也時常跟營區很有關係。

每一年運動會，部隊阿兵哥和社區家長之間的拔河大對抗，成了大夥茶餘飯後津津樂道的話題；阿兵哥也會在校慶活動上，設個「角色扮演大闖關」，小朋友的鋼盔快蓋到下巴，勇往奮力的匍匐前進，身上的水壺、腰帶掉滿地，仍要拔得頭籌。

部隊派了大學學歷的阿兵哥，利用課後來爲孩子們補救教學，讓需要幫助的孩子們，享受免費卻充滿愛的陪伴。學校也提供專業的職前訓練，讓擔任課輔的阿兵哥老師，能有老師的基本架式。

漫長的暑假後，即將開學前，阿兵哥會將校園的雜草割除，用最清爽的環境，歡迎孩子們回到學校；特別是颱風季節，斷了的大樹、倒了的圍牆，都仰賴阿兵哥的協助。

阿兵哥成爲學校愛的大天使，幫忙整理校區，重建家園；老師、孩子們也時常扮演愛的小天使，參與部隊的活動。愛不分年齡，不計算得失，在人與人之間交流。

有一回，我們參與了部隊的「反毒宣導」，除了有台灣晨曦會同工的生命見證之外，也帶領了詩歌的手語帶動唱「相信有愛，就有奇蹟」；活動中，彼此分享生命的故事，在耶穌的愛中，唱自己創作的詩歌。

人人都渴望能經歷一帆風順、平安順遂的人生路；但是，生命對我們的考驗卻往往超過自己的想像。

有些人在課業、工作中得不到肯定，開始自怨自艾、自我懷疑；有些人從家財萬貫到一夕破產；有些人失去了用心付出經營的愛情；有些人在天搖地動後承受家園全毀、喪失親人的痛苦，有些人因爲一時不慎，造成終生無法彌補的傷痛……。

向前走吧！緬懷過往的沉痛哀傷，並無法改變已經發生的劇情。跨越吧！把悲傷苦毒交託給耶穌吧！祂要將流淚谷，變爲甘甜活水、泉源湧流之谷。

流淚谷

蝸牛背著那重重的殼呀　一步一步爬
鮭魚就算傷痕累累　也要回到最初的家
燕子尋找掩雛之窩志氣比天高　麻雀只想搭最美的巢
當我勇敢跨出一步步　不再怕輸怕哭怕孤獨
大山可以挪移　大海為我讓路
走吧走吧跨越流淚谷　學會寬恕凡事要知足
如鹿切慕溪水　撥雲就見日出
忘記曾經的沮喪痛楚　心中的流淚谷
你將看見天空降下那秋雨之福　拋棄苦毒泉源湧出澆灌新幸福
忘記背後的　向著標竿直奔

（詞／sani張輝道　曲／張輝道）

部落的讚美詩歌

有一次，和人約了到山上的一所部落學校參觀。就在去程的車上，接到當地一位校長的電話，說是部落裡的老人關懷據點，正在那兒的教會辦理老人家的關懷活動，大約有三、四十位原住民老人家聚在那裡，問我可否去為他們唱詩？

這是一場巧遇，當日行程並未如此安排，神真的很奇妙的使用每個人、使用我。若是信主之前，對於這麼突然的邀約，一定回絕！絕大多數的原因是怕丟臉，缺乏信心又求完美個性的我，不做好萬全準備，是不敢輕易「上台」的。

但此刻的我，憑著神加添給我的力量，心裡只想著榮耀神、順服神的心意！

近一個小時的互動裡，靈裡滿滿的喜樂、感動與平安。除了帶領教唱了詩歌、見證神的榮耀，並在詩歌中禱告，神親自釋放自由與醫治的靈，許多長者感動落淚。也因著這「神來一筆」的佈道會，將福音帶給意外同行的另一位校長及一位近三十年未見的老朋友。神奇妙的心意，令人讚嘆！

將詩歌化爲禱告，能夠全然的用心靈與誠實敬拜神。

耶穌的音樂教室無所不在，可能在我家的客廳、學校的校長室、社區的告別式，也可能在軍營部隊中，或是更高山的部落；後來，我深刻的體會，耶穌的音樂教室是在我們心中。

當我們爲耶穌唱一首讚美的歌時，祂的愛就進入我們的心中，安慰、醫治我們的心靈，在我們的心靈設立寶座，愛就如同活水江河般，不斷的湧流。

愛的天堂

主耶穌　我的相信　我的盼望　我的真愛
把彩虹　掛在天空　愛的約定　愛的天堂
輕輕撒下　愛的種子　小心澆灌　呵護成長
向下紮根　向上結果　生命活水　寶座湧流

（詞曲　張輝道）

一個住在部落的原住民小女孩，年僅八歲，失去了雙親，自小寄居在親戚家，生活貧困無助，除了勤奮向學外，唯一的依賴就是來自「世界展望會」的資助與福音信息。

一個無父無母，也沒有任何兄弟姐妹的孩子，像是失根的浮萍擺盪在汪洋大海中無所依靠。但耶穌住在她的心中，她對生命、對未來、對關心她的人、對愛仍有著極具信念的盼望。

在她〈雲上太陽〉的歌聲中，我們聽見自然、純樸、簡單、不矯作，與源源不絕的生命力；而這首詩歌「愛的天堂」，正是因著她的生命故事，向神獻上禱告的最美麗詩篇。

第11章 山城上的光

前進台中市直笛大賽甲A組

到山城服務第三個年頭，耶穌帶領全校一至六年級六十位小朋友，完全上台比賽，參加台中市直笛「甲A組」大賽，經歷神蹟奇事、經歷神滿滿的愛。

這是台中市開辦直笛比賽三十年來，沒有人做過、沒有人敢做、沒有人相信做得到的一件事。

全校六班，一至六年級共六十人，參加甲A組？

在人看來，這幾乎是一件不可能的事！

但在人不能的，在神凡事都能！

就在這學期剛開學後的某一天清晨，爲學校禱告的時候，耶穌對我說話，並給我一段話語：

你們是世上的光。城造在山上是不能隱藏的。人點燈，不放在斗底下，是放在燈臺上，就照亮一家的人。你們的光也當這樣照在人前，叫他們看見你們的好行爲，便將榮耀歸給你們在天上的父。（馬太福音五14－16）

我問耶穌說，可以怎麼做呢？

耶穌告訴我，就這樣，就是現在，就去做！

我在當天的靈修禱告筆記本上寫下，一位基督徒校長的心願（異象）：

「**讓神的愛從山城的偏鄉發出亮光，照亮台灣的整片夜空！**」

既然耶穌說開始了，我就開始了！

什麼是甲A組？

台中市的直笛比賽，考慮學校大小不同，其資源、先天條件都不盡相同，爲了讓比賽更公平，並且鼓勵小型學校參加比賽，因此，依學校大小分甲、乙、丙、丁四個組；全校人數超過一千二百人以上的必須參加甲組，二百人以下的爲丁組。

我服務的學校，全校小朋友共六十人，依標準應參加丁組。所謂的直笛合奏比賽，就是各校從全校學生中挑出十五至三十人，成立校隊，代表學校參加比賽。因爲音樂的練習無法速成，小學直笛課程從三年級才開始，因此直笛隊通常都以高年級居多，成熟懂事好訓練！

一千二百人以上的學校爲甲組，又分爲甲A組和甲B組。只有甲A組可以使用超過BASS的大低音笛，台灣沒有，只能進口，笛子比身體高，每一支要價約三十萬。

比賽規定，小學校可以選擇向大學校挑戰，但大學校不得向下報名，以保障資源較缺乏的小校，也有得獎的機會。

另外，只有甲A組的參賽人數最多可以六十人，其餘各組的上限都是三十人。其實，一個直笛合奏團的正常編制，三十人就算飽和了；人越多，只是增加合奏的困難度，一般的指導老師也不會自找麻煩。

比賽結束，成績公布時，甲A組第一名的學校，就使用了四支大低音笛，造價接近百萬，全校一〇二班，學生總人數二千九百六十八人，上台參賽的小朋友應該都是學校的音樂菁英，共二十六人。

這是一件神蹟

讓我來說說參加這場比賽，到底有多困難。

當然，陳述這些困難，只是爲了榮耀神奇妙的作爲！

當聖靈對我說：「**就這樣，就是現在，就去做！**」時，我的頭皮發麻，腦海裡瞬間閃過十個問號，而且隨著每往前跨出一步，就增加更多問號……。

讓「每個」小朋友上台？這豈不是叫小鳥游泳，叫兔子在天上飛？

只有兩個月？扣掉禮拜六、禮拜日剩下四十天，也不吃、也不喝、不上課……都未必能做得到！

某種程度來說，在我接掌這個學校之前，全校深耕武術訓練，武打、拳術、刀槍矛棍不陌生；但說到音樂幾乎是沙漠，很少聽到學校傳出歌聲。坐在校長室，偶而傳來大聲的國罵比較多！

有錢買笛子嗎？老師願意配合嗎？孩子們做得到嗎？一年級才入學四個月，怎麼學得會呢？六十個人該怎麼合在一起練？有什麼曲子能讓這樣的樂團合奏？誰來指揮？校長自己來嗎？用什麼時間練習？家長會來抗議嗎？如何開始？怎麼去比賽？交通？午餐？衣服？鞋子？比賽辦法？合於規定嗎？……

甚至有一個大問號壓過來……最後，這會不會根本是一次離譜失敗的鬧劇？

耶穌說：「神能照著運行在我們心裡的大力充充足足地成就一切，超過我們所求所想的。」（以弗所書三20）好吧！祢作主。祢是我的夥伴、我最親密的朋友、我生命的主宰、我的救主、最疼我的阿爸父神，我願意順服祢的引導。

接著，我該做的事其實也很簡單，就是禱告、禱告、再禱告！每天不斷的禱告，跟耶穌報告進度，以及迫切提出需求。

我問神該如何開始呢？如何激發師生接受訓練、參加比賽的動力呢？「帶全校師生去看電影〈KANO〉。」神說。

那陣子，台灣正風行這部以嘉農棒球隊爲主題的電影。順著耶穌的提示，寫了一封信給全校的老師，邀請他們和我一起成就一件看似

困難，卻帶有極大教育意義的事，正如〈KANO〉前進甲子園的故事一般。

讓我們帶著孩子們試試看吧！

最近在台灣引起話題的電影〈KANO〉
描寫一群奮戰不懈的野球少年們，
朝著夢想，豪邁前進的熱血故事！
透過教育，
讓孩子擁有「一種堅強的心理能力」一直是我們的渴望，
這種被稱為「心理素質」的力量，決定一個頂尖運動員的成就，
其實也某種程度決定一個孩子的未來！
讓我們一起帶著孩子們，進入自己的心靈深處，
去體驗、去探索、去挑戰、去超越吧！
身為老師的我們，是導演；也是這場戲的主要演員。

「就算比數落後、只剩最後一顆球，都絕不放棄！」
嘉農野球隊就用這樣的精神，感動甲子園球場五萬五千名觀眾。
讓我們帶領全校僅有的六十位孩子，全部站上舞台！
一起前進「臺中市直笛大賽」——「直笛甲A組」，
陪伴孩子們找到最純粹的感動以及驕傲。
謝謝你們！
夥伴們，出發囉！

發出了公開信之後，接著就是要帶領全校師生到市區的電影院看電影。但是全校一起去，所必須承擔的費用不少。我趕快迫切禱告，請耶穌幫忙！

隔兩天接到通知，市政府可以提供免費遊覽車，接偏鄉的小朋友到國立美術館參觀米羅的畫展，我們就順路全校去看了電影〈KANO〉再回家，忍不住讚美耶穌，祢眞是太神了！

我問神，該用什麼曲子去比賽呢？「三十年前你剛學會直笛合奏的〈巴望舞曲〉呀！」還有一首呢？「就用〈愛的眞諦〉吧！那是我喜悅的話語……。」神說。禱告後，才十秒鐘，耶穌就選好了曲子。

三十年前？我心裡很清楚這個旋律跟這個畫面，但早忘了它了。

三十年前台灣的直笛教育剛起步，當時我還是台中師專一年級的學生。當年有幾位在職老師發起成立台中縣教師木笛合奏團，在留學歸國的王尚仁教授指導推廣下，成爲全台灣帶動直笛成爲音樂教育教學樂器的先趨。

那個時候我還是學生，利用暑假也參加了一個禮拜的「教師暑期直笛研習營」，那的確是三十年前的事了！那首〈巴望舞曲〉就是當年研習結訓時，小小發表會的一首簡單的合奏曲。之所以印象如此深刻，正因爲那是我第一次上台參與合奏的樂曲。

那旋律我太熟悉了！

當夜回到家後，翻箱倒櫃，把放在頂樓的所有樂譜都翻了不只一次，直到午夜過後，帶著失落的挫折感上床睡覺。隔天晚上晚餐後，又再度把家裡所有可能放譜的地方，徹徹底底找了一次，還是找不到！

深夜一兩點了，躺在床上跟耶穌說：我知道祢說的曲子！我知道是哪一首，可是眞的找不到，怎麼辦？

隔天早上，擔任學校音樂課的廖老師主動到校長室問我，對於直笛大賽的曲子有沒有看法?我說:「有!」但我找了兩個晚上,找不到譜!就是那首:「嘟——嘟嘟嘟嘟,嘟嘟嘟嘟嘟嘟——」忍不住嘟、嘟、嘟的唱出旋律來。

廖老師看著我,不知該如何回應我,只好配合我的表達,口中也哼著嘟、嘟、嘟、嘟……就離開校長室了。

傍晚下班前,她拿著一份剛從網路上下載的譜,衝到校長室來遞給我說:就是這首「嘟——嘟嘟嘟嘟,嘟嘟嘟嘟嘟嘟——」嗎?

神眞美好!祢眞是太神了!這樣也可以……忍不住一個人在下班後的校長室跳起來讚美耶穌!我確切的知道,這一趟神奇的旅程是誰也擋不住了!「既是這樣,還有什麼說的呢?神若幫助我們,誰能敵擋我們呢?」(羅馬書八31)

我又問神,有這種比賽嗎?六十個人上台的比賽?「比賽辦法公布了,甲A組,上限剛好六十人!」我問耶穌,這是祢做的嗎?祂對著我點點頭、笑一笑……。

練了一個月,距離直笛大賽只剩三個禮拜的時間,我看到大家都累了!達到一個身心靈的高原期……。我又繼續求問神,該如何突破瓶頸?

正當困擾不已，神差遣了一對退休的校長夫婦，他們如天使般的帶來了一個訊息。在閒話家常中提到，曾在國道三號南投休息區，欣賞過一位唐氏症的街頭陶笛藝人的演出，「愛好音樂又有柔軟愛心的你，一定會喜歡！」

這眞是神的恩典！第一時間打了電話，就獲得周媽媽的應允，約定三天後的兒童節，就到學校爲小朋友開一場小小演奏會。

當天，在周以嘉大姐姐的演奏及帶動下，一場未經彩排、完全不知演奏曲目的神奇音樂會舉開了，不只全部的小朋友隨著音樂起舞，老師們也玩得不亦樂乎！又叫又跳的融入了這場淚水與音樂、歡笑與激勵的愛的音樂會之中。

忽然，熟悉的背景音樂響起，是〈奇異恩典〉！

隨著感動，在陶笛的伴奏聲中，忍不住走上台對著全校師生高唱〈奇異恩典〉。這是我第一次用聲樂的唱法，在小朋友面前獻唱詩歌。當嘹亮的旋律充滿在整個校園，充滿在每一個專注聆聽的孩子的心中時……我問耶穌，爲什麼我的眼淚一直掉下來？

接著的神奇之旅，眞是說也說不盡、道不完；唯一可以確定的是，每一個「神蹟」，耶穌都讓我在禱告中實現，都讓我知道這是上帝的手所做的！

我禱告鄉下孩子需要一點點裝扮，以免輸了志氣。

「隔兩天就有人來送每個孩子一雙鞋、一條領巾……」。因爲耶穌親自打了一通電話。

我求問神，學校沒有舞台、沒有觀眾（大家都上台了！），沒有排練的機會，這些孩子從未上過大舞台練習，該怎麼辦？

學區內的高中，「剛好」在比賽前最需要彩排的時間，「剛好」有一場音樂會、「剛好」可以讓小朋友表演、「剛好」又可以派免費的校車來接送我們、「剛好」台下有一千五百位觀眾，爲我們打氣、爲我們祝福！

主任問我，天時、地利、人和……，怎麼都那麼剛好？

我看著他，點點頭、笑一笑，把先前耶穌對我的微笑，送給他！

我又接著問神，該如何告訴孩子，這可能是一場不會得獎的比賽？

流淚撒種的，必歡呼收割！

每一天，開車上班的路上，禱告半小時，然後等候神、聆聽神、依指示行動。而耶穌也時時在我耳邊低語。祂總是清楚地對我說話，告訴我當天指導孩子們可以用什麼方法，音樂的處理和編排，可以如何改進……。

爲了讓全校有個練習的「舞台」，幾位天才老師在地下室的地面上貼了一個紅色膠帶，圍出了一個想像的舞台區，這是我們練習大合奏的地方。和〈KANO〉的球員一樣，孩子們必須鞠躬九十度，才能進到舞台區，表達對音樂及夢想一種「神聖的看重與感謝」。

在紅色膠帶內模擬的舞台，老師們也爲每個孩子預備了一個專屬的位置，椅子前都有專屬的譜架，兩個孩子共用一支；在譜架的左右邊，用粉紅色的紙條印上每個人的班級姓名，貼在正前方。這是對孩子的一種尊崇與肯定，鼓勵孩子們：人人都是這個樂團的主角。

站在圍成一個半圓弧的舞台中心指揮，我可以輕易地看到每一個孩子的名字、看到每一個孩子專注的眼神、看到每一個孩子單純的心，也看到每一個孩子的信任和期待。

當我以指揮的角色走入舞台區時，會以九十度鞠躬對眼前這個「扮家家酒」的簡陋舞台，表達內心那種澎湃的敬意；孩子們也會在每一堂上課前，用九十度的鞠躬禮，表達對我的感謝。老師們則圍在最外圈，這一個不分年齡、不分貧賤尊貴、不分彼此的家庭樂團，所擁有的只有最珍貴的愛。

那段時間，幾乎每天趕著第一個到學校，一個人默默的到地下室，那個我們稱爲前進甲A組的祕密基地，在練習前，爲每一個孩子的座位按手禱告。有時候我會爲著這樣的眞實，在禱告中掉下淚來……。

就這樣，耶穌眞的帶我們走到了這一個彰顯祂榮耀的時刻！

比賽當天，天才矇矇亮，提早起床禱告、唱詩，神給我出人意外的平安和確信。不過就在聆聽神的聲音時，腦子裡卻一片空白，和平時很不一樣，這讓我有點納悶！

這是五月的第一天清晨，禱告後，走到書房的月曆前，看著月曆紙還停留在四月分，隨手撕開的那一剎那，聖經月曆上，用書法寫著的幾個大字映入眼簾，我的眼淚立刻掉下來，心怦怦跳！

流淚撒種的，必歡呼收割！那帶種流淚出去的，必要歡歡樂樂地帶禾捆回來！（詩篇一二六5－6）

感謝神，哈利路亞！

比賽後，獲得台中市直笛大賽甲A組「並列第三名」的殊榮，因為只有四個隊伍參加這一組的比賽，根據賽事規定，各個名次只能錄取一個學校，原本預估最佳的成績是「入選」，最後評審團卻開會，破例給予肯定的大獎！

評審團在評語中，非常肯定孩子們的表現，一個偏鄉的山城學校，全校六班，學生總人數六十人，締造了六十人完全上台比賽，並以高分並列第三名。

第一名，全校一〇二班，二千九百六十八人，參賽人數二十六人。

第二名，全校五十九班，一千六百零七人，參賽人數三十人。

第三名，全校六三班，一千七百零四人，參賽人數二十八人。

第三名，全校六班，六十人，參賽人數六十人。

其實，對我們來說，名次一點都不重要，重點是——我們做到了！

我高喊：耶穌，我們做到了！耶穌，我們眞的做到了！

當孩子帶著純眞的愛，作了一場最完整的表演，最後一個樂句「**哈利路亞！哈利路亞！阿們……。**」在台上響起時，比賽現場很多人的淚水都在眼眶中打轉！

比賽當天午餐時，當初極力反對推動直笛教學的家長與我同桌，很禮貌的坐在我的身邊，不僅沒急著開動，還看著我說：「你不是要阿們嗎？」神不只按著運行在我們心中的大力充充足足的成就一切，甚至超過我們所求所想的！更帶出奇妙的愛，奇妙的更新與創造。

隔天回到學校後，清晨的練習，我請每個孩子吃大布丁，每個老師都「上台」站在指揮的位置對著孩子說話。許多老師流下感動的淚水，對這趟奇妙的愛的旅程，充滿感恩。神的愛打開屬靈的眼睛，讓這個大家庭的每一個人，在愛中合一！

結束階段性練習的這一天，親手送給每位師生一張〈**哥林多前書第13章**〉的聖經經文。接著，每一節下課都有孩子黏在我的身邊，搶著背誦「愛的眞諦」！

愛是恆久忍耐，又有恩慈；愛是不嫉妒；愛是不自誇，不張狂，不做害羞的事，不求自己的益處，不輕易發怒，不計算人的惡，不喜歡不義，只喜歡眞理。凡事包容，凡事相信，凡事盼望，凡事忍耐。愛是永不止息。（哥林多前書十三4－8）

至於我，則含著眼淚對全校師生說：「我愛你們！」

我用這樣的愛愛你們！

睡前，我在禱告筆記上寫下：「可見栽種的，算不得什麼，澆灌的，也算不得什麼；只在那叫他生長的神。」（哥林多前書三7）

榮耀全歸給愛我們的耶穌！

第12章 琴與爐的對話

秀才遇到兵，耶穌在我心

神的榮耀親自在「前進直笛甲A組」的比賽中彰顯，而且這個故事並未隨著比賽結束而落幕，反而要帶出超乎想像的影響力，正如同燈台上的燈、山城上的光，要照得更遠、更廣闊。

俚語說：「秀才遇到兵，有理講不清。」

這個說法顯然對「兵」不太尊敬！我不是秀才，也不是遇到兵；是在一次偶然的公務活動中，遇到一位統管「台灣苗栗以南、台南白河以北」支援指揮部的大將軍。一面之緣、交換名片，回到學校之後，時常拿著他的名片按手禱告，在禱告中，感覺到神要對他說話。

於是我提起勇氣寫給將軍一張卡片。

給了他一段經句，是祝福！更深刻覺得神透過經文提醒他一些

事，這種祝福，感覺有點冒昧，但憑著信心寄出去了……。

重要的是我的署名：來自一位基督徒校長的禱告與祝福！

將軍很快的回了一張親筆寫的卡片，也說一定會找時間到學校來看看我……。

過了一段時間，將軍在一次視導「國軍課後輔導方案」時蒞臨學校，短短不到半小時的接待對話中，神使用了小朋友前進「直笛甲A組」的見證，激動將軍柔軟敏銳的心思，一份充滿神的愛與榮耀的見證，正悄悄的流動。

一個小小的活動，因著耶穌的愛，卻帶出大大的感動。指揮官在這個故事中看見偏遠山城不可思議的奇蹟，「怎麼做到的？」將軍問我。

「是耶穌帶孩子去比賽的……。」

還沒等我開口回答，同爲領導者的指揮官，一口氣就說出不只十個問題；他知道任務下達的同時，困難相應而生，達成使命的過程，必定充滿太多太多的挑戰。

眼前這位英勇睿智的大將軍，閱人無數，帶兵何以萬計，一眼就能看穿在這個「看似簡單」的故事中，背後蘊藏一種超然的力量，或許是一種泉源？或許是一種智慧？像是堅固的磐石，也像是戰場上四圍的盾牌！

神的帳幕在人間，在山城的這座平凡的偏遠小學，祂爲將軍預備了一顆柔軟的心，讓他從這個充滿愛的故事中，看到了這個世代的溫暖與希望。一道暖流如光、如活水進入他的心中。

神感動了將軍，隔天早晨就接到指揮官透過幕僚，聯繫參訪學校的計畫。唯一的參訪內容就是「前進直笛甲A組」的故事，參與的人員卻是「台灣苗栗以南、台南白河以北」分散在中台灣各地，近四十個軍方單位的主官。

高舉神的名！

面對這突如其來的參訪，我跟耶穌耍賴說：「這是祢的事，祢自己想辦法！」耶穌依然對著我點點頭、微微笑！

禱告中，再度經歷出人意外的平安，全身的細胞彷彿跳起舞來。一種「新意」油然而生，如同甘甜的活水，從心靈的深處不斷的湧流出來。

面對「大軍壓境」，趕緊上網搜尋資訊，看看即將接待的長官們的背景。

台灣國軍的組織編制，一個班有十人；一個排（少尉）有三班，大約三十人；一個連（上尉）有三排，大約一百二十人；一個營（中校，二顆梅花）有三個連，加上兵器連及營部連，大約五百三十人。

一個步兵旅（旅長上校，三顆梅花），含三個營、炮兵連、旅部連共約有二千五百人；一個師（少將，一顆星）有三個旅，加上炮兵營、旅部連、幕僚、後勤、支援單位，共約一萬至一萬二千人。

肩膀上的階級，要從梅花升到一顆星，對軍人來說非常不容易，一顆星是少將，是永遠的將軍。

當然，因屬性不同、編制亦略有不同，來訪的「部隊」涵蓋中台灣，從苗栗縣、台中市、彰化縣、南投縣、雲林縣、嘉義縣、到台南白河，大約包含三十幾個獨立單位，每個單位大小不一，主官大多爲上校或中校，即將到訪的六十幾位軍官，就是這些單位的主官及幕僚群。

「坐在台下的，都是一方之霸！」指揮官說。

接到這樣的看重與邀約，我的感覺其實很特別。

這是我在教育界服務二十七年來，從未遭遇過的新鮮事；自己也在想，當一個校長遇見一大群高階軍官，到底會是什麼狀況？更在意的是，我能夠給他們什麼？我甚至好奇，指揮官不過是看見一個「偏鄉孩子追求夢想的故事」短短的影片，到底帶給他什麼震撼？

他看見什麼？他想要什麼？

我問耶穌，該如何彰顯神的榮耀？

禱告中，聖靈很快帶領我在筆記本上寫下祂的計畫，看著這些智慧與啓示的靈帶來的「重點提示」，我的心裡很篤定，卻忍不住跟耶穌說：「祢眞的要玩這麼大嗎？」

神啓示我七個愛的主題，一個半小時的歡迎行程中，有唱詩敬拜、有讀經、有信息、有見證、有獻詩，是一場高舉主名、充滿愛的聚會。

琴與爐的對話

這場聚會的主題是：琴與爐的對話。

我很清楚，這必須是一個高舉耶穌的聚會。

因此，選擇以「我是一位基督徒校長」作爲開場；表明神在我心中的位置。

接著，高唱自己創作的詩歌〈轉動愛〉！藉著歌詞大聲宣告：「昔在今在永遠在，那就是耶穌的愛！」以全心全人敬拜神作爲開場，敬拜是琴！

轉動愛

灰濛濛的雨天　我在一個人的房間
關上那片舊的窗簾　看不見希望光線
孤單單的沉澱　心在寂寞無助盤旋
封閉前方我的視線　聽不見安慰語言
我把祢的關懷擋在門外面　我把我的夢想遺忘在腳邊
有誰能夠把愛放進我心田　帶我勇敢的穿越層層漆黑

輕輕轉動祢的愛　愛從天降下來
就算心事無講無人知　伊永遠攏存在
祢的愛　愛從天降下來
甘願為祢流血流眼屎　那就是耶穌的愛
昔在今在永遠在　轉動那唯一的愛
如果祢願意將我的手兒牽　陽光會露出笑臉

（詞／sani張輝道　曲／張輝道）

接下來，安排老師放膽朗讀〈詩篇廿三篇〉，作爲給全場軍官的祝福，將神的話語化作一句句堅定的禱告。禱告是爐！

看著同仁在台上充滿力道的誦讀經文，我的一顆心火速的跳動著！心裡想，走遍教育界大江南北，應該還沒有人用朗讀聖經作爲迎賓祝福的吧？

耶和華是我的牧者，我必不致缺乏。他使我躺臥在青草地上，領我在可安歇的水邊。他使我的靈魂甦醒，爲自己的名引導我走義路。

我雖然行過死蔭的幽谷，也不怕遭害，因爲你與我同在；你的

杖，你的竿，都安慰我。

在我敵人面前，你爲我擺設筵席；你用油膏了我的頭，使我的福杯滿溢。我一生一世必有恩惠慈愛隨著我；我且要住在耶和華的殿中，直到永遠。（詩篇廿三1－6）

簡報中，我將「琴」引申爲一種聲音，帶領軍官傾聽內心的聲音，尋回起初的愛心。完全未經綵排，隨著聖靈的感動與帶領，看到將軍指揮官，帶領一群虎背熊腰、個個一方之霸的上校大軍官，擠在一間小小的圖書室，原地踏步唱陸軍軍歌！

風雲起山河動　黃埔建軍聲勢雄　革命壯士矢盡忠金戈鐵馬　百
戰沙場　安內攘外作先鋒縱橫掃蕩　復興中華　所向無敵立大功旌旗
揚　金鼓響　龍騰虎躍軍威壯　忠誠精實風紀揚機動攻勢　勇敢沉著
奇襲主動智謀廣肝膽相照　團結自強　殲滅敵寇凱歌唱

（詞／何志浩）

一顆星的少將軍官，恐怕連總統都少有機會請他起立，原地踏步唱軍歌吧？事後一直回想，除了神，誰敢做這樣的事？

當然，心裡對這位「將軍」指揮官的崇敬油然而生。在現場，我的眼眶都紅了、淚眼濕了，眼前這位剛強耿直的大將軍，他知道自己正在做一件事，他何等渴望爲他的弟兄同袍，帶來愛與盼望，他何等願意謙卑的爲國家尋求一種祝福。

「尊榮以前，必有謙卑。」（箴言十八12）在將軍身上看見神的祝福；看見謙遜、有赤子之心、有誠實與正直的靈同行的指揮官，我眞以台灣有這樣的將軍爲榮！

送給他們「琴與爐」，是希望他們聽見聖靈的聲音、尋回起初的愛心，帶出爐火的態度，燃燒生命的熱情，在極大的位份上，因著神的愛，發揮影響力！讓福音傳到台灣全地！

最後致詞時，將軍肯定並激動的說：「這就是領導的典範」、「愛是一切的答案」！

結束後，有許多軍官私下跟我的同仁說：如果不是忍住，眼淚都要飆出來了……。

步出聚會會場時，三個軍官的擁抱，讓我印象深刻：

「可以抱一下嗎？我也是基督徒。」

緊緊擁抱，我們一起激動的說：榮耀歸給神！

「可以抱一下嗎？」一位連長姊妹說：「如果不是家住台北，眞希望讓我的孩子在這個愛的學校讀書！」

「我也是神的僕人！」這位和我一樣，同爲職場中基督勇敢的精兵，擁抱時在我耳邊的這句話，成了神對我呼召的確據。

「你要成爲神的僕人！」耶穌清楚的對我的心說話。

神的呼召

「你要成爲神的僕人！」耶穌開始對著我的心，每天反覆的唱著這首歌，旋律簡單得像是媽媽的搖籃曲，只要閉上眼睛，就會聽見「內心震動如同洪水的聲音」，和「靈裡火熱的跳動」。那是「琴與爐」的敬拜，彷彿天使天軍齊聚揚聲歌頌讚美一般。

直笛大賽時，我寫下：讓神的愛從山城的偏鄉發出亮光，照亮台灣的整片夜空！這是一種信心的看見，也是一種看見的信心。

感謝神給我異象，將這樣的信心放在我的心裡。信心到哪裡，神的應許就到那裡。我相信！這還不是句號，我相信！神還要大大的使用我成爲祂的僕人，成爲這個世代的光，贏得更多失喪的靈魂！

感謝神，將勇敢的心放在我的心裡。

雖然在接待軍官團的規畫時，我的幕僚們也曾遲疑、也曾評估參訪者的期待和觀感。許多時候，我必須和懼怕、軟弱爭戰；但我告訴自己，這是耶穌的學校，如果耶穌不出場，還有什麼值得他們來參觀？

最後，選擇以「我是一位基督徒校長」作爲開場；表明神在我心中的位置。神不只是我的信仰，是我的生活、我的生命、我的信心、我的力量、也是我智慧的泉源！

因此我告訴我的工作團隊，也告訴來訪的將軍，若把神從這個訪問中抽離，我將失去全部、我將失去靈魂！我不過是我，這場分享將變得一文不值！

少了神，什麼都不是，不會有這場直笛比賽、不會有愛的學校、不會有我，更不會有這一切的發生！

感謝神！讓我不以福音爲恥，能時時的高舉耶穌的名！

耶穌常鼓勵我說：「職場就是教會，你就是我的僕人、是愛的天使！要奉我的名宣告，被擄的得釋放、瞎眼的得看見、受壓制的得自由，我賜給你禱告的恩膏，好讓你興起發光，成為得勝的器皿；「所以，你們不可丟棄勇敢的心；存這樣的心必得大賞賜。」（希伯來書十35）

與神同行，歡呼不停！

與神同行，生命就時常出現「神來一筆」的確信與感動，就時常揚起得勝的旌旗。

跟著耶穌的腳步，堅定而滿足，快樂勝過那豐收五穀新酒的人。

耶穌很忙，從春天到夏天，短短的一季當中，除了在山城舉辦史上第一場安息告別禮拜、帶著孩子們參加直笛大賽、接待高階軍官團之外，還特地帶領我到山地部落為老人家唱詩、祝福禱告；也使用我跟隨牧師到監獄為受刑人見證福音的大能，帶出赦罪的平安與永生的盼望；並且主辦了一場以「桌球聯誼比賽」為主題的福音外展活動，在神的國度裡大大的豐收。

暑假一開始，耶穌更進一步的使用教會的青年團契，進駐山城這個小小的學校，帶領小朋友進行五天的「認識ㄋㄧˇ真好！」夏令營。

看著小朋友在營會中，學習讀經、禱告，藉著戲劇、詩歌、敬拜來認識創造萬物的上帝，不只邀請耶穌住到他們的心裡；更透過實際的行動，帶領教會的大哥哥、大姊姊到他們的家中，讓耶穌有機會進入他們的家庭。福音繚繞在這座山城的各個角落，我的心歡喜、我的靈快樂！頌讚神何等奇妙作爲。

忍不住想謝謝我的partner耶穌，想對祂說：「凡投靠你的，願他們喜樂，時常歡呼，因爲你護庇他們；又願那愛你名的人都靠你歡欣。」（詩篇五11）

感謝耶穌！在學校設立神的祭壇，垂聽我在閣樓上的禱告，雙膝跪在神面前，早晚大聲朗讀詩篇，中午則以箴言禱告，求神賜給我智慧、勇氣、信心來成爲祂合用的器皿。

回首來時路，看到一個如此不配的罪人，神卻賜給我一顆新的心、新的靈、新的生命，每每想到這樣的恩典是耶穌在十字架上流血的救贖，時常哭得不能自己。

感謝聖靈帶領我在淚水中禱告、在淚水中感恩，在淚水中滋養信心，在淚水中澆灌勇氣，好讓我能夠行公義、好憐憫、存謙卑的心、時時與主同行，高舉主名！

故事還沒有結束，我繼續在清晨上班途中，敬拜禱告上山，繼續在山上繞城禱告、繼續在閣樓上大聲呼求耶穌，我的父我的神啊！願祢榮耀的國度降臨、願祢的旨意行在地上如同行在天上，願祢快來！

放下世界，跟隨耶穌！

關於教育這件事，經過了三十年的投入，終於慢慢的清楚並了解，以前的我用了許多的專業技術、理論和研究精神在執行工作，創造了績效、責任與卓越的成果；認識耶穌之後，生命被破碎、更新、重建，才眞正懂得如何用生命來辦教育、如何將最好的一切獻給神、如何用生命來榮耀神！

信主前，在黑暗的日子裡，看不見活路，禱告中總是看見「自己的曠野」、在「自己的沙漠」中，孤單、徬徨、恐慌、無助、苦不堪言！靠著神的恩典，從一個「愛美愛贏愛自己、縱情縱慾縱人生」的黑暗世界，翻轉成爲一個「作光作鹽作僕人、愛神愛人愛永生！」的新生命。

如今，神打開我的眼睛，引導我走在「眞理的道路上」來看見別人的曠野；在聖靈所賜的「活水江河之中」，知道別人在沙漠中的乾渴。

神引導我看見世人在茫然曠野中錯信、錯愛、錯了良心，表面看起來西裝筆挺——「頂新的、頂正義的、頂大的、五味齊全的」，內在卻充滿邪僻貪婪的罪行！我看見人心的枯竭，彷彿在曠野、沙漠中瞎了眼睛，迷了路，需要神的救贖。

對於從事教育工作將近三十年的我而言，這對我的內在產生了很大的省思與衝擊，甚至不斷的問自己一個嚴肅的問題：**到底是「教室」能夠眞正的改變一個人，或者是「教會」？**

耶穌是一切的答案，是打開「天堂學校」的那把鑰匙。

你的國家、你居住的城市、你的教會、你的職場、你的家庭、你的婚姻、你的孩子、你和你內心最深處的自己——那個和你年紀一樣大的嬰兒，都因著耶穌的愛，大大澆灌充滿下來，成爲一所所最獨特、最美好的「天堂學校」。

榮耀歸給耶穌！因爲祂配得一切尊貴、榮耀、讚美！

心靈勵志系列11
打開天堂學校的密碼

作　　者：張輝道
社長兼總編輯：鄭超睿
編　　輯：馮眞理、鄭毓淇
封面設計：黃聖文

出版發行：主流出版有限公司 Lordway Publishing Co. Ltd.
出 版 部：台北市南京東路五段123巷4弄24號2樓
發 行 部：宜蘭縣宜蘭市縣民大道二段876號
電　　話：(03) 937-1001
傳　　眞：(03) 937-1007
電子信箱：lord.way@msa.hinet.net
郵撥帳號：50027271
網　　址：http://mypaper.pchome.com.tw/news/lordway/

經　　銷：
紅螞蟻圖書有限公司
台北市內湖區舊宗路二段121巷19號
電話：(02) 2795-3656　傳眞：(02) 2795-4100

以琳發展有限公司
香港九龍灣啓祥道22號開達大廈7樓A室
電話：(852) 2838-6652　傳眞：(852) 2838-7970

財團法人基督教以琳書房
台北市忠孝東路四段210號B1
電話：(02) 2777-2560　傳眞：(02) 2711-1641

2015年7月　初版1刷
書號：L1504
ISBN：978-986-89894-7-4（平裝）
Printed in Taiwan

國家圖書館出版品預行編目資料

打開天堂學校的密碼 / 張輝道著. -- 初版. --
臺北市 : 主流, 2015.07
面 ;　公分. -- (心靈勵志系列 ; 11)
ISBN 978-986-89894-7-4(平裝)

1.基督徒 2.見證

244.95　　104012208